供应链管理中的风险分析及对策研究

曹倩 著

北京航空航天大学出版社

内 容 简 介

本书从供应链风险出发,对供应链中的产品质量安全、需求预测、物流配送、供应链全流程追溯四方面的风险问题进行深入研究,并具体到中国出口欧盟的食品质量安全、生鲜农产品冷链物流需求预测、基于优化粒子群算法的物流配送路径优化、猪肉产品行业的可追溯系统四个问题进行针对性的分析,对其中存在的问题提出相应的解决方案。

本书适用于物流工程、物流管理、供应链管理专业高年级本科生和研究生的专业学习,也可供有关科研人员参考使用。

图书在版编目(CIP)数据

供应链管理中的风险分析及对策研究 / 曹倩著. --北京：北京航空航天大学出版社,2021.7
　ISBN 978-7-5124-3549-0

Ⅰ.①供… Ⅱ.①曹… Ⅲ.①供应链管理—研究 Ⅳ.①F252.1

中国版本图书馆 CIP 数据核字(2021)第 127513 号

版权所有,侵权必究。

供应链管理中的风险分析及对策研究
曹 倩 著
策划编辑　陈守平　责任编辑　刘晓明

*

北京航空航天大学出版社出版发行

北京市海淀区学院路37号(邮编100191)　http://www.buaapress.com.cn
发行部电话:(010)82317024　传真:(010)82328026
读者信箱：goodtextbook@126.com　邮购电话:(010)82316936
北京建宏印刷有限公司印装　各地书店经销

*

开本:710×1 000　1/16　印张:9.5　字数:202 千字
2021 年 8 月第 1 版　2021 年 8 月第 1 次印刷　印数:1 000 册
ISBN 978-7-5124-3549-0　定价:39.00 元

若本书有倒页、脱页、缺页等印装质量问题,请与本社发行部联系调换。联系电话:(010)82317024

前　　言

供应链风险作为供应链管理的重要障碍,严重制约了供应链的发展,如何应对供应链各环节出现的各种问题,成为供应链管理中一个十分重要的研究内容。本书以供应链中不同环节存在的风险问题与相应的解决方案为主要内容,并结合课题组近年来的教学与科学研究情况编撰而成。

本书以供应链风险为主线,从产品质量安全、需求预测、路径规划、供应链全流程追溯四个角度出发,针对其在供应链实际运行中出现的问题提出具体的解决方案。第1章绪论,介绍供应链、供应链管理、供应链风险的相关特征与内涵;第2章供应链中产品质量安全风险研究,介绍目前国内外食品安全问题现状,以中国出口欧盟的食品安全问题为例,具体分析出口食品的安全风险预测问题并提出相应的解决方案;第3章供应链中物流需求预测研究,通过对生鲜农产品冷链物流需求相关影响因素进行具体分析,建立需求预测指标体系,构建生鲜农产品冷链物流需求预测模型;第4章供应链中物流配送路径问题研究,通过将粒子群算法的加速因子和随机数与惯性权重相关联,提出一种改进的粒子群算法,并将其应用到物流配送路径问题中,实验验证了改进后算法的效率更高,是一种解决物流配送路径问题的有效方法;第5章供应链全流程可追溯系统研究,针对生鲜猪肉产品,提出一种基于区块链的可追溯系统模型;第6章总结,系统总结本书的相关研究成果及主要结论。

本书内容是作者所在的教学科研团队在供应链风险管理领域历年教学与科研实践工作的基础上,结合实际问题进行的科学研究。本书的主要作者为曹倩,课题组成员麻春蕊、周朝晖、于欣言、余愿、余成、楼皓、付晨阳、安睿琦等在材料收集、学术讨论、图表绘制和公式编写上完成了大量工作。

本书编写工作得到了国家重点研发计划(2016YFD0401205、

2019YFC1606401)、国家自然科学基金项目(62076012、61702018)、农产品质量安全追溯技术及应用国家工程实验室、北京工商大学电商与物流学院学科建设——学科评估专项经费的资助。另外,本书在编写过程中参考了相关书籍和文献,在此一并对这些书籍和文献的作者表示感谢。

由于供应链风险问题对供应链长期而稳定的发展具有不可忽视的制约影响,因此其必将是供应链领域一个持久的研究课题。本书是针对供应链中部分环节存在的风险问题进行的分析与研究,寄望于为读者提供一个关于供应链风险问题的参考与借鉴。本书适用于物流工程、物流管理、供应链管理专业高年级本科生和研究生的专业学习,也可供有关科研人员参考使用。

受限于笔者之能力,本书的观点难免有不妥之处,恳请读者批评指正。

作　者

2021 年 3 月 10 日于北京

目　　录

第 1 章　绪　论 ……………………………………………………… 1
1.1　供应链的内涵 …………………………………………… 1
1.2　供应链的特征及分类 …………………………………… 2
1.2.1　供应链的特征 ……………………………………… 2
1.2.2　供应链的分类 ……………………………………… 3
1.3　供应链管理 ……………………………………………… 3
1.3.1　供应链管理的内涵 ………………………………… 3
1.3.2　供应链管理系统的关键要素 ……………………… 4
1.4　供应链风险 ……………………………………………… 5
1.4.1　供应链风险的概念 ………………………………… 5
1.4.2　供应链风险的分类 ………………………………… 5
1.5　研究内容 ………………………………………………… 7
1.6　组织结构 ………………………………………………… 7

第 2 章　供应链中产品质量安全风险研究 …………………………… 9
2.1　国内外食品安全问题现状 ……………………………… 9
2.2　食品安全问题及风险预测的研究现状 ………………… 11
2.2.1　食品安全问题的研究现状 ………………………… 11
2.2.2　食品安全问题的风险研究现状 …………………… 13
2.3　欧盟 RASFF 报告概述与分析 ………………………… 15
2.3.1　中国出口欧盟的食品概况 ………………………… 15
2.3.2　欧盟 RASFF 报告分析 …………………………… 15
2.3.3　欧盟 RASFF 系统的公告类型 …………………… 17
2.3.4　RASFF 食品通报与数据分析 …………………… 18
2.3.5　主要危害的数据分析 ……………………………… 21
2.3.6　针对中国的数据分析 ……………………………… 23
2.4　风险预测模型选择 ……………………………………… 23

         2.4.1 BP神经网络 ·· 23
         2.4.2 深度学习 ·· 25
         2.4.3 SVM模型 ·· 28
         2.4.4 仿真实验 ·· 30
   2.5 建立基于SVM的食品安全风险预测模型 ······························· 31
         2.5.1 算法的设计 ·· 31
         2.5.2 核函数 ·· 33
         2.5.3 SVM的建立 ··· 36
         2.5.4 仿真实验 ·· 37
   2.6 出口欧盟食品安全体系的建议 ·· 41
         2.6.1 我国出口食品问题汇总 ··· 41
         2.6.2 监管机制 ·· 43
         2.6.3 食品安全治理对策建议 ··· 44
   2.7 小 结 ··· 46

第3章 供应链中物流需求预测研究 ··· 48
   3.1 国内外研究现状及分析 ··· 48
         3.1.1 国内外生鲜农产品冷链物流研究现状及分析 ······················· 48
         3.1.2 物流需求预测国内外研究现状及分析 ······························· 51
   3.2 生鲜农产品冷链物流需求预测指标体系的构建 ························ 53
         3.2.1 需求影响因素分析 ·· 53
         3.2.2 需求预测指标体系的构建 ·· 56
   3.3 生鲜农产品冷链物流需求预测模型的构建 ······························· 58
         3.3.1 主成分分析的相关理论及步骤 ··· 59
         3.3.2 基于多元回归的冷链物流需求预测模型 ···························· 59
         3.3.3 主成分分析BP神经网络预测模型 ···································· 61
         3.3.4 基于Shapley值法的组合需求预测模型的建立 ····················· 63
   3.4 北京市生鲜农产品冷链物流需求预测实证研究 ························· 64
         3.4.1 北京市生鲜农产品冷链物流发展情况及问题分析 ················· 64
         3.4.2 数据来源及数据处理 ·· 67
         3.4.3 基于主成分回归的北京市生鲜农产品冷链物流需求预测 ······· 77
         3.4.4 基于PCA-BP的北京市生鲜农产品冷链物流需求预测 ·········· 78
         3.4.5 基于Shapley值法的组合模型预测 ···································· 80

3.5 小　结 …………………………………………………………… 84

第 4 章　供应链中物流配送路径问题研究 ……………………………… 85

4.1　国内外研究现状及分析 ……………………………………………… 85
  4.1.1　物流配送路径问题的研究现状 ………………………… 85
  4.1.2　选址-路径规划问题国内外研究现状 …………………… 87
  4.1.3　粒子群算法国内外研究现状 …………………………… 89

4.2　物流配送路径问题描述及其模型构建 ……………………………… 90
  4.2.1　问题描述 ………………………………………………… 90
  4.2.2　数学模型 ………………………………………………… 91

4.3　基本粒子群算法及改进 ……………………………………………… 92
  4.3.1　基本粒子群算法 ………………………………………… 92
  4.3.2　粒子群算法改进 ………………………………………… 93

4.4　改进粒子群算法在物流配送路径问题中的应用 …………………… 94
  4.4.1　算法的设计 ……………………………………………… 95
  4.4.2　仿真实验 ………………………………………………… 95

4.5　小　结 …………………………………………………………… 98

第 5 章　供应链全流程可追溯系统研究 ………………………………… 99

5.1　食品行业可追溯系统国内外研究现状 ……………………………… 99
  5.1.1　国外研究进展 …………………………………………… 99
  5.1.2　国内研究进展 …………………………………………… 100

5.2　猪肉产品可追溯系统研究 …………………………………………… 101
  5.2.1　可追溯体系概述 ………………………………………… 101
  5.2.2　猪肉产品质量信息的追溯过程 ………………………… 102
  5.2.3　猪肉产品安全追溯原理 ………………………………… 103
  5.2.4　追溯系统模型构建模式分析 …………………………… 104

5.3　猪肉产品安全信息传递研究 ………………………………………… 107
  5.3.1　产品追溯的安全信息的特点 …………………………… 108
  5.3.2　产品追溯信息传递不通畅的因素 ……………………… 108
  5.3.3　针对猪肉单元追溯过程的信息采集和记录方法 ……… 111
  5.3.4　猪肉追溯系统信息传递的数学模型 …………………… 112

5.4　跟踪追溯系统信息编码分析与标识设计 …………………………… 115

  5.4.1 产品追溯码概述 ·················· 115
  5.4.2 编码载体分析 ·················· 116
  5.4.3 电子标签编码在各环节的设计 ············ 117
 5.5 区块链技术在可追溯体系中的应用 ············ 121
  5.5.1 区块链概述 ··················· 121
  5.5.2 区块链技术对追溯体系的意义 ············ 122
  5.5.3 基于区块链的可追溯模式 ·············· 123
 5.6 小　　结 ····················· 124

第 6 章　总　　结 ······················ 126

参考文献 ························· 128

第 1 章 绪 论

1.1 供应链的内涵

供应链这一概念源于价值链,产生于 20 世纪 80 年代后期[1]。目前比较普遍的观点认为,供应链是指产品生产和流通过程中所涉及的原材料供应商、生产商、分销商、零售商以及最终消费者等成员通过与上游、下游成员的连接组成的网络结构[2],也就是由物料获取、物料加工、并将成品送到用户手中这一过程所涉及的企业和企业部门组成的一个网络。国家标准《物流术语》将其定义为生产与流通过程中所涉及将产品或服务提供给最终用户的上游与下游企业所形成的网链结构[3]。简单来说,供应链是由物流、信息流、资金流将原材料供应商、制造商、分销商、零售商和最终消费者所串联起来的一条价值增值链,其最终目的是使客户满意,产品增值。

图 1.1 为一个典型的供应链,它包含了全部相关的节点企业。通常来说,供应链中会含有一个核心企业,它既可以是大型零售企业,也可以是产品制造企业等。以具体需求为驱动,节点企业依据自身的职能,实现产品的制造、分销与零售等,从而实现整个供应链的运作。

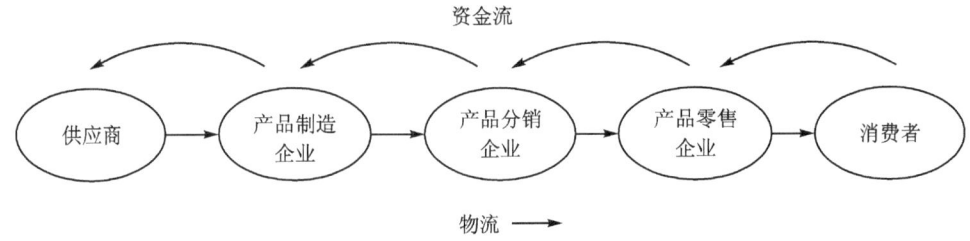

图 1.1 供应链的各个环节

1.2 供应链的特征及分类

1.2.1 供应链的特征

供应链是一个包含了多个节点企业的网链结构,其特征主要包括以下内容。

1. 整合性及协调性

供应链是一个多环节相互配合的整体,只有各个环节紧密配合、相互协作,才能形成一个协调一致的系统。

2. 选择性和动态性

供应链中的各个节点企业,其合作关系并非是一成不变的。随着服务方式的改变,各节点企业间的关系可能发生变化。

3. 复杂性和虚拟性

很多供应链是跨地区、跨行业的,而不同地区其地理、习惯、风俗等差别很大。供应链操作必须保证反应迅速、服务质量高等,因此供应链具有复杂性的特点。为了保持供应链的竞争力,各节点企业之间必须做到优势互补、优胜劣汰,因此供应链就像一个虚拟的强势企业联合体。

1.2.2 供应链的分类

1. 稳定的供应链和动态的供应链

根据供应链的稳定程度不同,可以将其分为稳定的供应链和动态的供应链。如果市场需求单一并且稳定,则会组成稳定的供应链;而如果市场需求多样并且频繁地发生变化,则会组成动态的供应链[4]。

2. 平衡的供应链和倾斜的供应链

根据供应链的容量与用户需求之间的关系,可以将供应链分为平衡的供应链和倾斜的供应链[5]。供应链中的供应商、制造商、分销商等具有相对稳定的生产能力、设备容量等,但用户需求是动态变化的。如果供应链的容量可以满足用户的需求,则供应链处于平衡状态;而如果市场环境变化加剧,供应链的成本、库存、浪费等剧增,整个供应链的效率以及客户满意度就会降低,整个供应链则会处于倾斜状态。

3. 效应型供应链和响应型供应链

根据供应链的功能模式不同,可以将供应链系统分为效应型供应链和响应型供应链。效应型供应链主要体现供应链的物理功能;而响应型供应链则是快速响应不可预测的需求,减少过期库存产品带来的减价损失,其库存战略关注的则是消除大量的零部件和产品缓冲库存,主要体现供应链市场中介的功能。

1.3 供应链管理

1.3.1 供应链管理的内涵

通俗来讲,供应链管理就是通过有效的协调管理办法使得供应链可以高效快捷运行。学术界并未给供应链管理下一个确定的定义,到目前为止,大家对于供应链管理的定义仍是见仁见智。

全球供应链论坛认为,供应链管理是从客户到初始供应商向客户和持股者提供增值的产品、服务和信息的关键业务流程的集成[5-6]。

国家标准《物流术语》中对于供应链管理的定义则是:通过计算机应用技术对供应链中的资金流、商流、信息流以及物流等进行科学设计、合理规划,同时进行规划、管理、协调以及监控[7]。

综合以上观点,供应链管理就是指综合管控全渠道各个环节的物流、资金链和信息流,从而达到高效快捷、产品增值、客户满意的目的。

1.3.2 供应链管理系统的关键要素

供应链管理主要包含需求管理、计划、订单交付、物流管理、供应以及回流等六个领域[8],也可将其划分为基本职能领域和辅助职能领域两大类,前者主要包含采购、生产、开发、库存管理、分销等;后者主要包含人力资源管理、财务核算、客户服务等。在此基础上,总结得出供应链管理系统的关键要素,如图1.2所示。

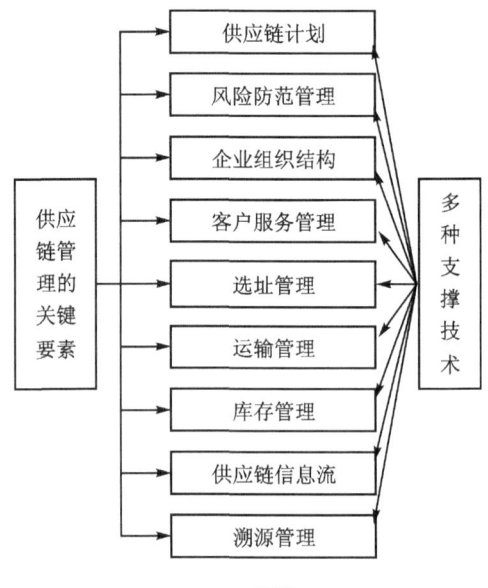

图 1.2 供应链管理的关键要素

供应链的各个关键要素相互作用,共同决定了整个供应链的竞争力。供应链计划位于整个供应链的核心,是供应链管理系统中至关重要的一部分[9]。信息流是供应链各个要素之间相互传递的数据流,是整个供应链性能提升的关键要素[10]。所谓库存管理,指的是通过保有一定的库存来满足市场需求的变化等,以减少对供应链的冲击。运输管理是物流管理的关键活动之一,它通过供应物流网络实现对物料、产品等的高效运输[11]。选址管理指的是利用科学的方法确定设施的位置、数量等,以达到最经济的配置[12]。由于供应链的各个环节均可能存在一定的不确定因素,因此风险管理极为重要。例如,1993年的日本住友化工厂发生爆炸、2001年9月11日在美国发生的"9·11"恐怖袭击事件,以及2003年始于我国广东并向许多地区蔓延的SARS等,都曾经导致供应链运行的中断,给企业、国家和世界的经济造成了很大的创伤,甚至致命的打击[13]。

综上,一个企业的成功与否与其是否能够正确把握供应链系统息息相关,构建一个合理有效的供应链管理系统是供应链有效运行的关键和保障。

1.4 供应链风险

1.4.1 供应链风险的概念

市场竞争中必然存在着大量的不确定性,因此就有可能存在一定的风险。供应链系统是一个复杂的系统,其风险是很难界定的,不同学者从不同的角度来定义。Metchell认为供应链风险源于市场结构的调整、市场利率的改变等[14]。Zsidisin等认为供货不及时而引发的服务质量下降,从而导致供应风险[15]。还有一些研究人员将供应链风险划分为不可控风险与可控风险,前者包含自然灾害、恐怖袭击等,后者包含供应商资质、产品服务质量等[16]。德勤咨询公司指出,供应链风险是导致供应链管理无法达到预期效果的意外因素[17]。英国Cranfield大学认为供应链风险体现了供应链的脆弱性,对供应链风险的预防及有效控制可以显著提高供应链的运行效率,降低运行成本[18-19]。

综上,供应链风险泛指任何影响甚至破坏供应链安全运行,使供应链管理无法达到预期效果,造成供应链效率低下,导致成本增加的各种不确定性因素或突发事件。

1.4.2 供应链风险的分类

供应链风险的种类很多,典型的包括:

① 产品质量风险。整个供应链上的基本要素就是产品,一旦产品的质量出现问题,整个供应链可能就会崩溃。

② 需求预测的风险。当供应链的结构较为复杂时,信息传递延迟可能会导致上

下游企业之间沟通不及时,从而对产品的需求预测出错,继而导致无法满足市场需求或是库存过量。

③ 物流配送的风险。生产过程的不稳定可能导致物流配送的延迟;运输过程中的不合理可能引起配送成本的增加,甚至导致物流的中断。

④ 财务状况的风险。某些企业为了维持正常运营,可能会依赖其上下游企业的资金,如果其财务状况不良,可能引起整个供应链断掉。

⑤ 企业文化差异的风险。供应链上一般涉及到多个企业节点,不同企业的经营理念、员工素质、企业文化等各有不同,因此对于同样的问题,处理方法可能各有差别。

⑥ 利润分配的风险。供应链涉及到多个企业节点,在整体利润一定的前提下,某个或某几个企业利润的提高必然引起供应链上其他企业利润的降低。如果个别企业利润过低,它可能就会从供应链中退出,甚至导致供应链断掉。

⑦ 市场波动的风险。市场运作具有一定的随机性,当发生任何无法预测的不利状况时,可能导致整个市场发生逆转。

如今企业间的竞争已经成为供应链间的竞争,但多数企业只注重自身的运作成本、资源配置、利润获取等,而极少关注供应链的风险问题。

1998 年,香港赤腊角机场由于计算机发生故障,导致人员与货物运输的严重拖延[20];2000 年的台湾大地震导致全国乃至全球范围内计算机配件价格飞速上涨[21];2000 年飞利浦公司某芯片厂的车间发生了一起严重的火灾,飞利浦公司不得不延后几个星期才恢复生产,而爱立信公司的多种核心零件均产自该工厂,这场火灾最终导致爱立信的销售额大幅下降,更为严重的是,公司的市场份额也下降了 3%[22];2001 年的"9·11"事件使得国外进口的零部件不能及时运达生产线,从而导致福特、丰田等汽车生产线不得不停产数月[23];2002 年,美国西海岸发生工潮,港口被迫关闭,一向通过西海岸进入美国的中远集团,其集装箱船没有办法卸货返航,导致中远集团不仅营业额锐减,客户也大量流失[24];2005 年初印尼海啸导致我国无法顺利进口棕榈油[25];2008 年,美国的金融危机不仅导致全球经济动荡,还引起很多中小出口企业接连倒闭[26];2015 年,由于供应商供货严重拖延,小米 5 手机无法如期发布,不得不采用大量的红米机型来凑数,致使小米公司的企业效益及品牌形象均大打折扣[27]。

可见供应链各个环节紧密相连,从供应商、生产商,再到分销商、零售商及最终的消费者,每一个环节出现一丝差错都会导致整个供应链崩溃,从而影响各节点企业的利润收益。为有效维持供应链运转,保证各参与者的利益与诉求,从产品的质量安全、产品在整个供应链中的信息传递及物流运输配送,到各节企业之间的合作配合及利益协调,每一个环节都要求供应链能够承担各种外部及内部因素带来的风险,并在这些风险来临前做好防范预警工作,在风险发生后做出及时有效的补救工作。

1.5　研究内容

供应链风险作为供应链管理的重要障碍,直接影响了供应链的有序运行,即使是一个不起眼的风险都可能导致供应链的崩溃。本书从风险角度出发,从供应链中产品质量安全、需求预测、物流配送及应对供应链全流程风险的可追溯系统四个方面,就具体问题进行具体分析,并结合中国出口欧盟的食品质量安全、生鲜农产品冷链物流需求预测、物流配送路径规划、猪肉产品行业的可追溯系统四个问题进行分析,提出相应的解决方案,对于相关问题的解决具有一定的借鉴意义。

1.6　组织结构

本书共分为6章,各章的主要内容如下:

第1章绪论。对供应链的内涵、特征、分类以及供应链管理的相关内涵进行详细解释。此外,对供应链中各组成部分及关键问题进行具体阐述,为后续关于供应链风险中的相关问题的提出与解决提供理论支撑。同时,介绍本书的研究背景、研究意义和研究内容,为后续部分问题的提出、解决奠定基础。

第2章供应链中产品质量安全风险研究。归纳总结目前国内外食品安全风险问题及风险预测的研究现状,重点关注中国出口欧盟的食品安全问题,在出口食品的安全风险预测问题上,选取针对出口欧盟的食品,并聚焦于食品罐头,在对风险预测问题分类及求解方法进行研究的基础上,对出口欧盟的食品安全风险预测问题进行了描述,并建立了解决该问题的风险预测模型。基于欧盟食品和饲料快速预警系统数据,对食品安全风险进行五级分类,并研究支持向量机 SVM 模型,建立风险预测模型,利用遗传算法对 SVM 模型参数进行优化,对现有模型进行改进。

第3章供应链中物流需求预测研究。通过对生鲜农产品物流需求相关影响因素进行具体分析,从我国区域性市场经济增长水平、产业结构、人口发展水平、社会固定资产投入、区域交通运输状况、产品供给、冷链运输状况七个维度出发,建立生鲜农产品冷链物流需求预测指标体系,并利用灰色关联分析法对选定的指标进行筛选与分析,在此基础上从线性相关及非线性相关两个角度建立主成分回归及 PCA - BP 神经网络模型,并建立基于 Shapley 值法的组合模型,完成需求预测模型的构建。对北京市目前的生鲜产品冷链物流发展现状进行分析,以北京市生鲜农产品冷链物流各年的相关指标资料数据进行实证研究,通过与不同权值确定法建立的组合模型、各单一预测模型的预测误差进行对比,验证了所建立的组合预测模型的有效性。

第 4 章供应链中物流配送路径问题研究。针对粒子群算法的缺陷,尤其是算法在前期易陷入局部最优以及后期收敛速度慢的缺陷,通过将加速因子和随机数与惯性权重相关联,提出一种改进加速因子和随机数的粒子群算法。通过仿真实验表明,该方法在避免算法前期局部收敛和提高后期算法收敛精度和速度方面都有良好的效果。

第 5 章供应链全流程可追溯系统研究。本章首先通过对我国猪肉供应链的运作模式及目前存在的主要问题的进一步分析,结合中国目前生猪饲养情况,专门针对生鲜猪肉产品的属性,提出了一个符合中国猪肉供应链的安全追溯系统模型。其次对猪肉产品在流通过程中安全信息传递受到制约的原因进行分析,并针对其提出一种信息采集方式和信息传递模型。然后,将耳标及条形码相结合,设计了一套统一的编码体系,实现了对猪肉产品的唯一标识。最后,运用当前热门的区块链技术,与可追溯系统进行结合,建造一种基于区块链的可追溯模型供未来可追溯领域参考。

第 6 章总结。本章系统总结了本书的相关研究成果及主要结论。

第 2 章　供应链中产品质量安全风险研究

2.1　国内外食品安全问题现状

经过深入研究发现,无论是国内还是国外,近几年食品安全问题不断被曝光,人们对食品安全状况也越来越关注。就国内来说,从苏丹红到三聚氰胺[28]、抗生素滥用,到曝光的瘦肉精问题,甚至是 2014 年在中国上海福喜公司发生的"过期肉"丑闻[29]等,其实政府和企业都一直在食品安全问题上不断做着努力,但关于食品安全的问题却好像从未消失过。由于食品安全问题关系到经济健康发展和社会稳定,也关系到人们的身体健康和生命安全,因此我们每一个参与者都应该对这一问题引起高度重视,主动承担起解决食品安全问题的责任与义务。

首先看一下国内的食品安全问题现状。中国是食品工业大国,其产业的快速发展,使我们的生活方式和生活水平发生了很大的变化:由之前的"吃饱"到"吃好",再到越来越注重"吃出健康"[30]。尽管我国的食品安全水平在不断提高之中,但在整个食品安全治理体系中我国仍存在着比较薄弱的环节,比如我国的食品安全事件仍然处于高发期,关于食品安全风险方面的隐患依旧比较突出。因此,总结下来我国食品安全依然存在着严重的隐患,问题主要体现在以下五个方面:

第一,单从国内角度来看,2001 年至近几年国内新闻报道出来的重大食品安全事件一直处于上升状态。第二,从国际市场角度来看,2009 年至 2013 年对我国出口到日本、韩国、美国及欧洲这几个国家和地区的 30 类 12 457 批问题食品统计显示,在总共 144 个国家和地区中连续 5 年的时间我国都是处于被通报国家之首[31]。第三,据统计从 2001 年至 2013 年我国各类食品安全事件共被侦破 49 500 多起[32],而这只是在食品加工和流通环节发生的事件。但从这一数字我们可以发现,一方面其实我国在食品安全问题上整治力度还是很大的,国家和政府是极其重视的;另一方面这一数字也显示出我国仍然处于食品安全问题频发、多发的阶段,食品安全形势依旧处于严峻状态。第四,2015 年消费者关注的食品安全问题调查数据显示,针对我国当前的食品安全状况,消费者的总体满意程度不高,不满意率接近 50%[33]。第五,基于我国的基本国情,食品营养缺乏和"过剩"对我国来说是个双重的挑战,可以发现两个方面的问题:一方面,吃不饱的问题在西部欠发达地区是存在的;另一方面,慢性代谢性疾病是因营养失衡所造成的,并且处于高发态势。总结以上五个方面的表现,可以充分说明我国的食品安全风险依然严峻。

在欧美国家的一流产品品质和高效的监管制度被大家所羡慕的同时,人们却不曾想过,很多年前的欧美国家也是在众多食品安全事件发生并经历之后,痛定思痛才进行大规模、有力度的整改,所以欧美国家才有了如今完善的食品安全体系。1958 年,美国多达 8 000 余名的儿童一年内因食用毒奶造成死亡,这就是美国纽约臭名昭著的"泔水奶"丑闻[34];1996 年疯牛病疫情的爆发、1999 年二恶英引发的对食品安全问题的巨大恐慌在民众之中蔓延,这些事件也导致了欧盟肉类产品被禁止进入美国等多个国家[35];2008 年至 2009 年间,美国发生沙门氏菌污染,一家花生食品处理厂被污染严重,最终导致了 9 人死亡,数百人因此患病[36];2009 年由于细菌污染奶制品,李氏杆菌疫情在德国、奥地利和捷克等地爆发,造成高达 25% 的感染者死亡[37];2013 年多个国家召回数万吨牛肉,这也是欧洲的"马肉风波"[38];2013 年,肉毒杆菌毒素在新西兰乳业公司恒天然旗下工厂的浓缩乳清蛋白粉检测中疑似测出,因而被全球召回。以上种种事件最终成为欧美国家食品安全监管强有力的推动力,也使欧美国家的食品安全政策及体系与时俱进、不断完善。

1986 年 11 月,疯牛病首次在英国报刊被报道了,英国将该病定名为 BSE[39]。诸多国家,包括法国、爱尔兰、加拿大、丹麦、葡萄牙、瑞士、阿曼和德国被该病波及。据调查,这些国家出现该病很多就是因为进口英国牛肉引起的。经研究发现,疯牛病可能是与喂食动物骨粉有关。这次大规模的疯牛病爆发事件导致了欧盟食品安全立法的改革,立法的关键词中加入了动物饲料和人吃的食品,这些词汇都成为了欧盟食品安全法里的主要内容。

这段时间里欧盟的一些国家在抽检的猪饲料里发现了一定含量的激素甲孕酮,这种激素是欧盟明文禁止的[40]。由于这次发现,引发了社会的高度关注,成为继疯牛病和口蹄疫之后的一次影响比较大的安全问题。经过调查发现,这些含有禁止使用的激素的猪饲料大多产于荷兰,而荷兰所生产的猪饲料的原料则是从比利时的一家公司进口的,初步判断,这些激素甲孕酮就是来自比利时的这家公司的原料。这就造成这种含有甲孕酮的饲料被 8 000 多头生猪吃了[41],更严重的是,这些问题饲料和部分吃了问题饲料的生猪已经被运往德国、西班牙和意大利等国家销售。为了减小该问题饲料和问题生猪的影响,降低食品安全问题造成的重大损失,欧盟有关部门要求加强对于生猪和源头产品的检查,从源头上杜绝问题猪肉流入市场,影响民众的食品安全。

2017年,依旧问题不断。掺入碎纸板、过期变质肉、加化学物质等,这就是巴西"问题肉"事件[42],引发了全球关注,多个国家甚至已经暂停从巴西进口相关产品,尽管巴西农业部随后做出一些解释。这次的事件是全球化时代食品安全的又一记警钟,通过这次事件,专家呼吁建立一个国际统一的食品安全评估体系。

3月17日巴西联邦警方对外公布,确认卖过期变质肉类食品的行为是在多家企业存在的,最初公布的问题包括:很多商家通过添加化学物质等方式,掩盖过期或者变质的猪肉所表现出来的异常;为了增加重量,一些不法商家给牛肉注水;此外,还有在鸡肉里添加纸板,在香肠里加入劣质猪肉等危害公共食品安全的行为。不过22日巴西农业部对于这些行为做了一些解释,其通过研究认为:该国一些企业在猪肉里添加的化学物质为抗坏血酸类物质,只要用量在允许的范围内,不会对人体健康造成不利影响;而在鸡肉里添加纸板,只是在包装里掺入了碎纸板,而不是在鸡肉里添加碎纸板;而在香肠里掺入劣质猪肉,实际情况只是往里面加入了一定量的猪头肉,影响不是太大。

此次"问题肉"事件造成的影响很大,迅速在全球敲响警钟,巴西是肉制品出口大国,如欧盟、日本、韩国、南非、智利、墨西哥等已暂停进口其相关产品,美国和英国也加强了对从巴西进口肉类产品的检查力度。

也是在2017年的3月,韩国同样发生了食品安全事故,之前一直被大家追捧的一种海外直购的食品,有着改善性功能、减肥功能的食品被检测出危险物质[43]。韩国政府采取相应的措施,已经禁止这种产品甚至相关产品流入。据海关报道,相关部门已对这部分食品进行着重检测,共查出20个危害物质信息,根据相关规定,海关已关闭对此产品的各种贸易并会及时关闭相关产品的网站。

2.2 食品安全问题及风险预测的研究现状

2.2.1 食品安全问题的研究现状

随着经济高速发展,食品安全在如今已经不仅仅是健康问题,更是国内外共同关注的焦点。

2003年,冯忠武针对欧盟等国家的兽药残留管理问题进行研究,他的研究是通过分析相关的规章制度、检验化验机构、兽药残留监控计划、风险度量分析等进行的,该项研究对我国食品安全中解决兽药残留问题有很大的参考价值[44]。2006年,汪禄祥指出,在食品安全问题方面应该借鉴国外经验设立专业机构,例如澳大利亚在2004年就设立了生物安全局研究进口风险,并且配备独立专家进行风险分析。而加拿大政府则是设立加拿大卫生部和加拿大食品检验署[45],这两个部门全权负责所有食品的进出口管理。2004年,张凡建指出,中国是CAC主要成员国,应当重视CAC风险分析原则,将相关原则在我国动物源食品兽药残留研究中应用,从而推行一套科学的方法和模式[46]。刘志英在2005年提出,食品安全风险分析是一种新趋势,这种风险分析方法与国际通用的分析方法相近[47]。

1. 食品质量安全理论综述研究

在食品安全的多种理论中,常见的观点是"食品安全风险是指食品中存在残留的危害人体健康的危害因素"。在判断食品质量安全的原因归集方面,专家学者主要的观点有三点:第一,源头污染,即原材料种植时存在的安全风险,比如农药使用过度,土地被重金属污染。第二,生产环节污染,因为加工技术落后,加工过程中受到微生物、细菌污染以及超标准剂量使用食品添加剂。第三,流通环节风险,比如流通过程中细菌感染,法律法规不完善等。除上述三项因素外,国外有大量的食品安全方面的案例,其中最值得借鉴的是对食品质量管理体系实施安全认证。这种对食品质量进行监督指导与控制的体系,是为了更好地把控食品质量,实现总体目标。在市场经济条件下,增强食品质量安全管理,能够提高企业的竞争力,更好地满足顾客的需求。关于食品质量安全管理体系,如今在国际上通用的是 HACCP 与 ISO 22000 两种体系,两种体系的要求如表 2.1 所列。

表 2.1 两种体系的要求

质量安全管理体系类型	要 求
HACCP	强调对食品安全危害的预防,要求对于良好的操作规范与卫生操作标准程序进行有效实施
ISO 22000	强调控制食品安全风险的能力,既能满足顾客需求,又符合相关食品安全条件;要通过有效控制食品安全和持续改进安全体系实现顾客满意度的增加

HACCP 体系最醒目的特征就是把对食品质量是否优劣的评价标准建立在充分分析供应链多个环节的风险因素的基础之上,并且施加监督与控制。但是这种体系,各个国家都有自己的执行标准。而另一种体系 ISO 22000,是以 HACCP 为基础,针对 HACCP 存在的缺陷进行相应的修正,这一体系为食品安全风险的把控建立了一套更加优秀的管理体系,而且适用的组织更加广泛。

2. 食品安全预警研究综述

在现有的研究中,关于食品安全预警的研究成果比较少。

1997年顾海兵建立了预警体系基本架构,就是预警过程中的两个指标,即警情和警兆[48]。

1996年陆伟国主要研究了我国的食品变动的预警系统,针对该项目建立了一套方法和技术[49]。

2005年唐晓纯提出指标分析的重要性,这个预警体系应该有优秀的指标作为判断依据,由此提出了四层预警体系架构,进而提出质量安全、可持续安全、数量安全、总警度四个指标[50]。

2005年杨天和、褚保金在研究我国食品安全保障体系的基础上,通过新的评估技术和污染监控技术,建立优化食品安全快速反应对策,展开对新一代食品安全评判标准的研究,同时展开食物安全方法与技术措施探讨、食物安全标准的底层探索来维护食品安全,并探讨了食物安全预警机制与危险性评价技术,对于维护食物安全具有非凡的意义[51]。

2007年晏绍庆等人讲解了以国际食品安全架构、世界环境监测系统、欧盟物品与饲料快速预警系统等为主要内容的食物安全监督及预警机制的建立情况,提出了优化我国食品安全信息预警系统的建设,并说明了完善我国食品安全预警系统的方案[52]。

2008年赵亚华对干扰食品安全的核心项目进行试验;创立了基于数据检测的食品安全监督与预警系统,对有被污染风险的关键节点进行检测,将得到的数据源录入到系统内,下一步由系统对录入数据进行实时的检查汇总,进一步透视分析。在此基础上针对马鞍山市上一阶段快销品的污染水平,创立了食品卫生监测和预警双重系统,实时更新,快速跟踪监测到的数据,针对食品潜在的安全风险,发出警报,找出存在的问题。而通过这次实验,系统收集了大量基础参数,该套系统响应迅速,设计科学合理,实用性强,能够为决策者提供客观有效的参考[53]。

2008年胡慧希、季任天提出通过参考RASFF来完善我国的食品安全预警系统[54]。

2008年季任天、赵素华、王明卓主要阐述了食品安全预警系统的层级架构,从国家到省市及县城,主要表述观点就是在农产品生产环节、加工环节及流通环节,明确各层级的作用与监控核心节点[55]。

2.2.2 食品安全问题的风险研究现状

各国政府都有一个相同的愿景,就是能够把控食品从原材料到餐桌全过程的风险,明确各种危害,建立溯源系统,追踪整个过程,尽最大努力将食品安全风险降到最低。

目前我国对食品安全问题的研究方法大致分为两类,一类是对食品从生产开始的追溯,另一类是利用数据挖掘技术对食品安全风险进行预测。之前研究发现,食品制造企业自己设立"食品溯源系统",专门用于收集食品在制造过程中每个节点潜在的风险。现阶段,有一种方案是事后控制方案,就是食品安全追溯系统,根据已经建立的数据库,应用该系统,一旦出现问题就能很快地发现问题根源,既能保障消费者的权益,又能起到一定的监督作用。廖芹、颜丽、叶德谦等人的研究发现,过去我们总是在问题发生时再去寻求解决之道,不能防患于未然。现在随着大数据技术的发展,可以利用数据挖掘技术对食品安全风险进行预测[56]。

CORNEY D早在很多年前就发现了在食品行业中运用比较多的模型是贝叶斯模型,最典型的应用场景是食品产品设计[57]。比如,贝叶斯网络会根据人们喜欢吃甜食,推理食品颜色因素将影响人们的选择,继而推理该种颜色受欢迎的程度;而传统方法依据单一规则设计的模型,因为规则与数据源无关,造成无法处理。而贝叶斯模型能够解决该问题。此外,张丽、腾飞、王鹏的研究发现,贝叶斯网络模型是一种风险评价概率统计模型[58],这种模型曾经被用来研究食品供应链各个环节的风险概率,通过分别判断物流、信息、资金等风险因素,分析起始风险节点,建立该种网络模型进行风险评估。因为食品供应链不同的节点有不同的回馈,整个发展经过及最终结果也不尽相同,通过收集贝叶斯网络中各个核心节点关系的条件概率数值,推算联合概率值,就可以最终得到食品的风险值,而决策树分析可以通过类似树结构般的逻辑思维能力去解决各种困难且复杂的问题。赵静娴的研究结果在实际运用中,针对农业产品质量安全信息特征,伴随降维方式对数据进行预先处理,找到威胁品质安全的主要因素,并搭建基于多重决策树的农产品判别方案,例如水中的重金属、土壤的酸碱性、种植规模等因素。决策树还被欧阳一非、薛丹、高海燕等人运用于具体检测指标来评价油炸型方便面的品质等[59]。

BP神经网络的一个非常突出的优点就是能够解决高度不确定性问题,因为其拥有高度非线性函数映射的特性。在信息存储上,其特点是分布式存储,且具有并行处理能力,使其对杂乱信息有抗干扰能力,同时具备自学能力。何勇、李晓丽、邵咏妮的研究曾将BP神经网络与主成分解析综合使用,用来对光谱苹果品种判定进行深入研究。这项研究的过程主要针对每个苹果特有的特征波段,就是以特征波段图谱作为神经网络的输入接口,即判断依据。而苹果的品种就是最终输入的结果,经过使用模型训练后,该实验对未实验过的随机样本进行预测,预测结果是完全吻合。该项技术还被用于小麦耗水预测。刘建学、吴守一将BP神经网络用于大米直链淀粉含量预测等[60]。

2.3 欧盟 RASFF 报告概述与分析

2.3.1 中国出口欧盟的食品概况

截至 2014 年底,我国的食品工业总产值约 2 万亿美元,该产值几乎等同于整个欧盟所有成员国的总产值,而该产值在全球的占比达到 26%[61]。从该数据上看,我国在食品加工制造产值上已经在全世界首屈一指。众所周知,欧盟在食品进口方面非常关注食品安全,许多想把食品出口给欧盟的国家,都被欧盟严格的食品安全保护政策拒之门外。但是欧盟严格的食品安全政策是符合 WTO 所规定的《实施卫生与植物卫生措施协议》的要求的。长期以来,欧盟一直是宁波主要的食品农产品出口市场,而食品安全也是最受百姓关注的重大民生问题之一。据检验检疫部门统计,2016 年,宁波地区输欧食品农产品共计 1 963 批、7 813.14 万美元,批次、货值分别增长 5.5% 和 13.6%[62],在国际市场需求不足、国内成本上升等不利因素影响下,实现了逆势增长,"宁波制造"在欧洲也逐渐受到大众的欢迎。

食品出口在我国总出口产品中占一定的比例,尤其是乡土特产、罐头制品、肉产品、海鲜等。自 1990 年后,我国食品出口数量增加巨大且在出口品类上也有大的变动。尤其是德国,德国的原主要食品进口国家是泰国,自 1990 年后,中国渐渐取代泰国成为了德国在亚洲范围内主要的食品采购国。另外从品类方面看,我国在 1960 年至 1970 年出口食品主要是罐装蘑菇、肠衣制品等[63]。经过数年发展,我国出口食品的品种越来越多样化,现阶段的产品主要有肉制品、瓜果蔬菜、生物制品、罐装食品等。中国人口基数大,资源相对来说是贫乏的,但是我们拥有丰富的农副产品,所以向类似德国这样的欧洲发达国家销售农副产品,对于合理利用我国的农业资源有极大帮助[64]。

2.3.2 欧盟 RASFF 报告分析

欧盟为了建立有效的食品安全机制,在最短的时间内通报食品安全所存在的问题,在 1979 年就建立了现在的食品和饲料快速预警系统(Rapid Alert System for Food and Feed,RASFF)。2002 年,欧盟理事会发布了 ECNo.178/2002 法规,该法规修订了其中关于食品安全的核心法律,并成立了欧盟食品安全局,确认了食品和饲料快速预警系统在法律层面的地位,要求创立可能对人身健康具有直接或间接风险的食品快速预警系统及危机处理系统,其中第 50 条明确了 RASFF 的基本架构、执行方法、数据库在成员国、通报内容等方面得以进一步完善。其实,RASFF 从 1979 年开始创立,欧盟 92/59/EEC 法令中的第 8 条规定创立一个能够在所有成员国范围内通报所有会影响消费者健康安全的食品安全信息[65]。随着人们食用肉制品的增多,也在预警新系统中加入了饲料安全预警。根据欧盟法规中的要求,在没有违反其他相关规章的情况下,各成员国需要通过预警系统及时发布下列信息:① 为维护人身健康而快速采取的针对特定食品或者饲料的限制,以及强制退出市场的措施;② 对人身健康造成严重危险,在自愿或者强制基础上而快速采取的避免、限制或增加特别条件的食品上市要求或最后的专业性建议;③ 因为牵涉到对人身健康的直接或间接威胁,在整个欧盟内由边境主管机构对特定批次的食品采取限制措施。到目前为止,该系统已经成为了欧盟境内食品安全最重要的平台之一,通过该平台所披露的数据,能够为欧洲市场的食品安全管理提供一些数据,以便于管理者进行决策,是维护消费者权益的好平台[66]。

欧洲统计局的数据显示,在 2012 年我国与欧盟的贸易总额达到了 4 336 亿欧元,占到了欧盟对外贸易总额的 12.5%[67],是欧盟的第二大贸易伙伴。在这个交易额中,欧盟国家共从中国进口货物达到 2 897 亿欧元,作为欧盟国家最大的进口国,占了欧盟进口总额的 16.2%。在欧盟从中国进口的产品中,食品类货物在近十年内基本保持 10% 以上的增长速度。2012 年,中国作为欧盟的第四大进口食品来源地,共向欧盟出口食品总额达 43.24 亿欧元[68]。RASFF 通报的有关我国食品的内容主要包括风险因素、价格和安全控制措施。表 2.2 所列为中国食品对欧盟出口统计数据。

表 2.2 中国食品对欧盟出口统计数据

年 份	2003	2004	2005	2006	2007	2008	2009	2010	2011	2012
金额/亿欧元	16.74	18.20	22.67	28.07	33.62	35.52	33.12	40.15	44.50	43.24

欧盟的成员国在预防食品和饲料的安全问题时,愈来愈重视和依靠欧盟的食品与饲料快速预警系统(RASFF),该系统已经成为欧洲地区保障食品安全的重要的信息交流平台。自 2001 年起,欧盟 RASFF 系统每年发布一次年度报告,2009 年已经涉及到全球 121 个国家[68]。

RASFF 作为欧盟在食品安全领域中一个不容小觑的重要信息平台,在面对食品安全问题爆发时,能够快速提供相关的信息,帮助欧盟各成员国向其国家的群众发布食品安全预警信息,然后通过各国之间的协调,快速对食品安全问题做出反应,减小突发事件到来而造成的对欧盟的不利影响。

另外,通过 RASFF 系统所发布的食品安全风险评价信息及数据,能够对食品安全的热点问题进行统计和分析,利于食品安全机构更好地把控风险因素,对于潜在的食品安全问题采取有效的预防措施。

RASFF 使用案例:

① 德国的出血性大肠杆菌事件。2011 年 5 月 22 日,德国卫生部发布通告,告知国内爆发严重的出血性大肠杆菌疫情。疫情发生后,以极快的速度扩散到了欧洲和北美的多个国家。这次出血性大肠杆菌疫情导致 4 000 余人被感染,50 余人直接死亡。疫情持续了两个多月的时间,对多个国家和地区造成了严重的影响。在这次事件中,德国当地媒体在不经求证的情况下,将大肠杆菌的来源指向中国所生产的豆芽,将矛盾转移到中方企业身上,致使我国企业蒙受了不白之冤,并使得我国企业形象在当地受到了严重的影响,我国多家企业联合向德国有关当局提出抗议。最后通过 RASFF 系统的信息进行调查,发现疫情的大肠杆菌来源于埃及进口的葫芦巴种子,欧盟相关部门当即下令对 2009 年到 2010 年间从埃及进口的所有相关食品进行查封和检验,有问题的马上进行销毁,这次事件才得以结束[69]。

② 德国冷冻草莓事件。2012 年 9 月底,德国东部的一些城市有万余名学生出现胃病毒感染的症状,症状原因疑是因为食用了来自中国的冷冻草莓。10 月 8 日,RASFF 系统对病毒感染情况进行了通报,并初步发布了原因为来自中国的冷冻草莓,所以召回了市场上来自中国的冷冻草莓。后来我国对于该批冷冻草莓进行了调查,发现在出口之前,检疫机构已经对其实施了严格的检测,在检测合格之后才通过关口。10 月 9 日,检疫机构对该企业所生产的该批产品进行封存,在检验过程中并没有发现该病毒,同时,该批草莓出口的其余 8 个国家并没有出现类似的症状。所以,在此次事件中,并没有严格的证据证明该病毒是因为中国的冷冻草莓引起。但是欧盟在 12 月 19 日发布了(EU)No1235/2012 法规,对来自中国的冷冻草莓采取了歧视性检测措施,在检验检疫部门对中国的冷冻草莓产品加强检测[70]。

2.3.3 欧盟 RASFF 系统的公告类型

RASFF 主要有预警通报、边境拒绝通报、信息通报、新闻通报和后续信息通报 5 种公告信息。

1. 预警通报

某一欧盟成员国在市场上检查出食品或饲料有严重的安全风险时,就会在该系统平台上发布信息预警,由欧洲食品安全委员会将信息迅速传达给各个成员国,各个成员国立即对市场上涉及的产品采取召回或隔离等措施,在最短的时间内进行产品隔离,减少问题产品的扩散和避免影响扩大。

2. 边境拒绝通报

它是指针对食品或者饲料在欧盟边防站检测出存在安全风险时,会将信息通报给各个成员国的边境检查站,保证该产品不会通过其他国家的口岸进入欧盟地区。

3. 信息通报

如果在检测过程中发现所进口的产品确实存在风险,但是这类商品又还没有进入欧盟市场,所带来的影响比较小,则暂时不需要采取行动。这类通报一般是针对正在检测中还没有获准进入欧盟市场的产品。

4. 新闻通报

它是指与食品安全有关的新闻信息。在任何一种形势下,在没有达到预警通报、信息通报或禁止入境通报的前提下,通过该通报,可以引起各个成员国对于该产品的注意,在未形成不利影响的情况下,提前对该产品进行鉴定和检测,做好形势监控和预防措施。

5. 后续信息通报

后续信息通报指的是产品因为不满足通报的标准和条件,没有出现在 RASFF 系统的通告中,但后续需要针对该产品发出信息和通知(follow-up rejection)。

前 2 类通报都需要有关部门及时采取行动,而后 3 类通报的主要作用在于各个成员国之间共享信息,不需要立即采取行动。

RASFF 信息主要有官方控制(Official Control)、边境控制(Border Control)、公司自检(Company's Own Check)、消费者投诉(Consumer Complaint)和市场控制(Market Control)5 大来源。

2.3.4 RASFF 食品通报与数据分析

1. RASFF 食品通报地区分析

在 RASFF 系统所发布的通报中,各种类型的通报在数量上有很大的差异,而且这些数据在每一个年度并没有明显的递增和递减关系。

2008 年通报的数量相比 2007 年有所降低,一共发布了 3 099 份原始通报。其原因可能是在 2008 年时,欧洲当局对于通报的风险评估采取了更为严格的评估方式,分类也更为详细。而2009年的通报数量相对于2008年,有了将近12%的涨幅,发布的原始通报的数目达到了3 322条。到了2012年时,RASFF系统一共发布了2 806份通告,这个数据和2011年相比减少了7.3%[71]。2012年欧盟通报国家的情况如图2.1所示。

根据通报的情况进行分析,可以发现这些通报信息共涉及到29个国家,部分国家所占的比例如图2.1所示。通报数量比较多的国家主要有英国、德国、法国、意大利和西班牙。英国主要涉及到的问题是水果、蔬菜的农药残留问题,德国和法国主要是蔬菜、水果类的毒素和农药残留,意大利主要是鱼类产品的重金属污染。

2012年欧盟通报的地区如图2.2所示。

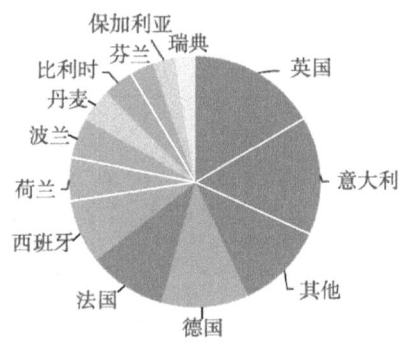
图2.1　2012年欧盟通报的国家

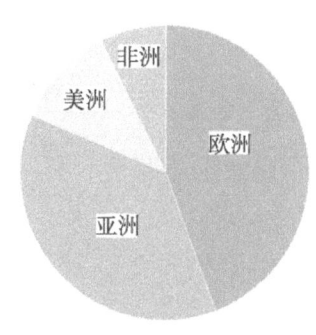
图2.2　2012年欧盟通报的地区

RASFF系统通报的内容涉及119个国家和地区,通报数量比较多的国家为土耳其、印度、美国、波兰和西班牙。这些通报中针对欧盟内部成员国的有1 104批,占通报总量的39.34%[72]。通报的来源按照大洲划分,如图2.2所示,来自亚洲和欧洲的通报数量相当,美洲和非洲则相对较少。在欧盟成员国以外,欧洲被通报比较频繁的国家主要是俄罗斯和乌克兰。

2. RASFF食品通报产品分析

RASFF在2012年的时候对各种产品的安全性进行排名,根据统计数据可以得出产品安全性的排名。蔬菜存在的问题主要是其表面有残留的农药。对鱼制品等的371批产品进行统计可以看出,其存在的主要问题是产品很难抵挡重金属的污染。对果仁类、蔬菜和其种子进行统计可以看出,其存在的问题主要是生物毒素残留。对非禽类的184批产品进行统计可以看出,其存在的主要问题是表面有残留的病原性微生物。详细情况如图2.3所示。

从RASFF发布的信息可以看出,欧洲对食品进出口的标准相当严格,其最关注的就是食品的来源和其存在的主要问题,在整个食品进出口环节里判断相当具有灵活性。

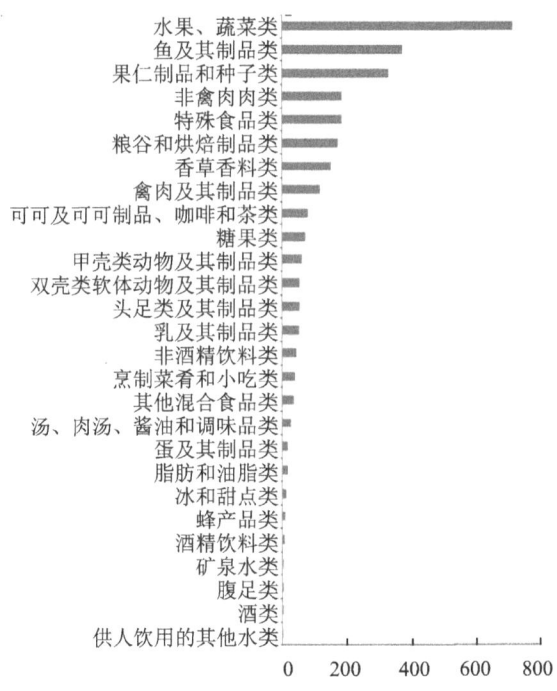

图 2.3　2012 年欧盟通告各国食品按产品分类

微生物存在于食品中将会导致很多疾病,因为在发展过程中欧洲曾经饱受微生物引起的传染性疾病之苦。在欧洲,波兰、捷克和德国等地就发生过多次因沙门氏菌引起的疫情。很长一段时间里,欧盟一直将对微生物的防疫工作作为主要的工作来进行。从其多次的通报就可以看出其对微生物可能引发的疫情关注度非常高。

RASFF 2012 年在可能引起疫情的通报中大多数都是针对微生物的,其中主要关注的细菌种类、病毒类型如图 2.4 所示。

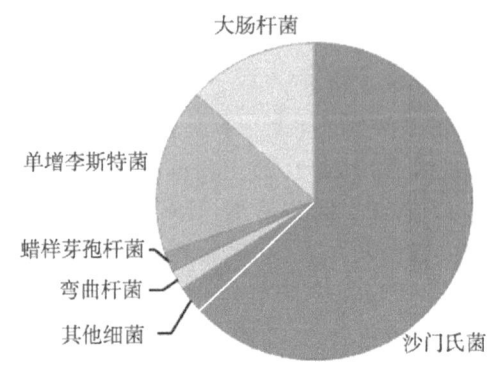

图 2.4　病原性微生物危害情况

从图 2.4 中可以看出沙门氏菌引发疫情的可能性相当大,可能导致许多的产品出现问题。其中沙门氏菌可能附在果仁产品、禽肉食品以及非禽肉食品中进入人体而引发疫情。除此之外,环境中的大肠杆菌和单增李斯特菌也会产生较大的危害。

2.3.5 主要危害的数据分析

1. 霉菌毒素与黄曲霉毒素

霉菌对食品安全性的影响也相当大,尤其是对谷物产品、蔬菜和坚果等的危害相当大。霉菌毒素产生的危害主要是黄曲霉毒素造成的。黄曲霉毒素造成的食物安全问题一直居高不下,根据相关统计数据可以发现,在 2008 年的时候由于黄曲霉毒素引起的食物污染问题相当严重,其引起的污染问题占到霉菌毒素通报事件的 96.89%,这样高的比例意味着当年产生的污染问题有 33.8% 是由黄曲霉毒素引起的[73]。同时根据统计数据可以看出,黄曲霉毒素引起的食物污染问题现在看来仍然呈现在饲料污染的问题之中,并日趋严重。根据相关部门提供的数据可以看出,2010 年黄曲霉毒素引起的问题有所增加,由其引发的通报问题占通报总数的比例有所上升。

统计数据还表明,黄曲霉毒素引起的污染问题最严重的是坚果类的食品,其污染产生的问题是其他引发产品问题的数倍之多。同时,黄曲霉毒素还使得坚果类的种子问题不断增加,这是黄曲霉毒素导致坚果类污染问题严重的根本原因。

在对相关产品进口时,很多国家隐瞒了黄曲霉毒素污染的问题,这可能会在进口过程中埋下疫情隐患。每年对黄曲霉毒素的检测过程中都会发现其对谷物、蔬菜、坚果和焙烤食品等引发的通报事件,尤其是对香料等产生的污染问题呈现急剧增长的态势。黄曲霉毒素的污染问题现在已经引起了欧盟各个部门及国家的关注,甚至因黄曲霉毒素的存在已经影响了部门及国家间的关系。

2. 致病微生物

RASFF 系统每年都会针对各种微生物产生的污染问题进行统计和报告,相关数据披露出因这些微生物导致的疾病通报事件发生率一直处于比较高的位置。2008、2009、2010、2011 年的通报事件分别为 367、379、425、466 起,并且每年因微生物引起的疾病都占到当年通报事件总数相当大的比例。根据相关数据可以发现,不同的微生物可能会对食品的安全问题产生不同的影响,不同的微生物可能引发的疾病类型差异是巨大的。从数据统计分析中可以明显看出各种微生物造成的疾病差异对比。其中对食品安全引起的通报事件最多的两种细菌分别是沙门氏菌和李斯特菌,数据表明,这两种细菌引起的问题分别占到所有问题的 59.48% 和 20.17%[74]。

数据表明,因沙门氏菌引起的食品污染问题主要集中在肉类食品和禽类食品中,此外这种细菌也会对调料和香料产生较大的污染问题。同样在数据分析中发现,沙门氏菌会对坚果和其种子类产生一定的污染。其中因为李斯特菌引起污染问题的食品主要是豆类食品、鱼类食品、乳类食品和谷物食品等。但是因为对鱼类食品的监管更加严格,所以在检测过程中更容易发现其存在的问题,这也是造成通报事件数上升的主要原因之一。

3. 重金属

RASFF 系统当前已经将重金属的污染问题当作一个重要的问题来进行研究和监测。在 2008 年到 2009 年间,监测数据显示,重金属锡的含量上升了 100%。因为欧盟严格限制锡化合物的使用,欧盟已经增强了对重金属锡污染的监测力度和监测次数[75]。在对锡进行重点监测的过程中,汞的含量却急速增加,尤其在 2007 年,汞的含量达到了最大值。在对锡进行严格控制后,锡的含量已经呈现逐年减少的趋势。但是在锡减少的同时,汞、铅和砷等物质的含量增长趋势相当明显,尽管影响还不是很大,但也得引起足够的重视,因为一旦出现污染问题,将更加难以控制和消除。

RASFF 系统提供的统计数据表明,鱼肉含有的汞超标问题已经是其含有重金属的最大问题。此外鱼产品中含有的镉超标问题已经严重威胁到人们的健康。2009 年对重金属污染问题引起的食物污染通报数据显示,在食物中主要存在的几类重金属种类分别是锡、铅、镉、汞和砷,其中因为汞超标引起的通报事件有 94 起,镉超标引起的有 65 起。

随着工业社会的快速发展,像鱼类产品中出现汞超标的现象越来越多,通报事件呈现上升的态势。同时,根据相关学者的分析和研究得出结论,欧盟出现更多因汞超标的通报事件的另一个主要原因是欧盟进口的大多数鱼类都是从汞污染严重的水域捕捞的,这无疑会增加通报事件的可能性。

4. 农药和兽药残留

为了应对农药和兽药等引起的食品安全问题,欧盟加强了对各环节的监管。其中最主要的手段就是加大对发现的问题的通报力度。2008、2009、2010、2011 年欧盟对因农药、兽药引起的食品安全问题通报事件分别为 268、28、350、442 起[76],由此可以看出,这些存在的问题在 RASFF 对所有问题的通报比例中占了相当大的一部分。尤其是以农药残留引起的食品安全问题,在 2010 年的时候甚至达到了十年之最。尽管因为兽药引起的食品问题通报事件并不算太多,但是存在的问题也具有增长的态势,数据表明,兽药引起的问题一直处于比较不稳定的状态。

在对 2008 年至 2011 年间的狄氏剂、草氨酰、三唑磷、甲硫磷、灭多威、苯硫磷、氧乐果、乐果等残留农药进行检测时发现,这些农药对食品的危害正在加强,然而欧盟在 2007 年已经明确禁止了对甲硫磷的使用。

兽药残留在食品中的主要危害物质是硝基呋喃类代谢物。尤其是虾的体内含有较高的硝基呋喃类代谢物。当蜜蜂食用了硝基呋喃类代谢物时,也可以在蜜蜂的体内检测到硝基呋喃类代谢物。但是鱼肉和禽类体内不知为何很少发现硝基呋喃类代谢物的残留物。数据显示,因兽药残留物引起的食品安全通报事件是逐年减少的,但是在甲壳类动物体内因存在呋喃西林代谢物的残留物而导致食品安全问题的通报事件却有所增加。

2.3.6 针对中国的数据分析

在对涉及中国多年积累的 2 409 起食品安全通报事件进行分析时,统计数据显示,在欧盟通过中国进口的所有食品中出现了相当多的通报,其中,欧盟对所有食品问题进行通报的总数中,涉及到中国出口到欧盟的食品问题通报事件占到总通报事件的 14.47%[77]。其中对中国食品问题通报最多的国家分别是英国、德国和意大利。从通报的问题中可以看出,其中大多数的问题与坚果类、种子类和谷物类等有关,其中重金属迁移、霉菌毒素和有害物质的转移等是造成食品问题的最主要原因。

2.3.2 小节对欧盟 RASFF 系统进行了背景介绍,RASFF 系统已经成功为欧洲食品市场安全保障提供有效的数据支持,是维护消费者权益并进行食品安全风险信息共享的好平台。RASFF 系统中共有五级公告类型,本研究按照此五级公告类型划分出口欧盟食品安全风险等级,之后对 RASFF 报告中的数据进行分析,列出几大类主要危害源,包括霉菌毒素和黄曲霉毒素、致病微生物、重金属、农药和兽药残留等危害物质,为建立基于 SVM 的食品安全风险预测模型确立风险源范围及风险等级。

2.4 风险预测模型选择

2.4.1 BP 神经网络

一般来说,数据挖掘方法可以分为描述型和预测型两类。描述型方法以关联规则为代表,其任务是刻画数据集中数据的一般特性,解释其中的规律,使用户更加直观地理解数据之间的关系和产生的原因;预测型方法以决策树、神经网络等为代表,其任务是在给定数据集上进行分析推断,寻找数据到特定类别的映射关系,这种映射关系称为模式或规则,用户可利用挖掘出的模式和规则对数据进行分类或预测[78]。相较于传统的统计分析方法,数据挖掘方法的优势在于不仅能解释已知数据,而且还能发现未知知识,其作为一种知识发现的技术,目前已拥有多种成熟的挖掘算法,可适用于不同领域的不同数据。

人工神经网络是一个以感知器为节点、以加权有向弧连接而成的有向图[46],神经元(单个感知器)的结构如图 2.5 所示。

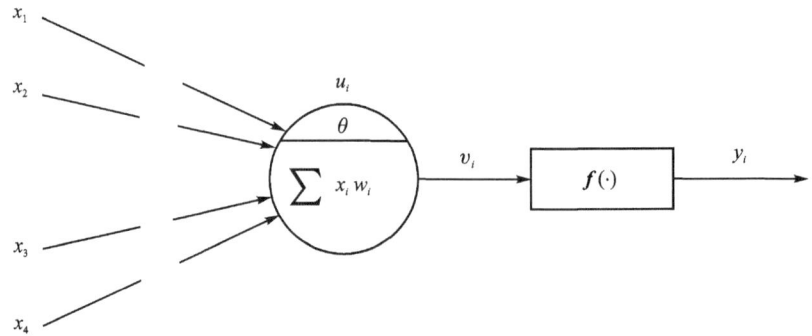

图 2.5　神经元结构

单个感知器的输入到输出映射其实是一个逻辑回归,它将不同的输入逻辑分区到特定的类别中。在上述结构下,人工神经网络非常复杂,它能够将数据分类录入,同时设置多个节点的阈值和权值,经过复杂的计算,输出结果,将系统模拟运算的结果跟实际结果相比较,计算这两个结果的误差。若是结果的误差较小,也就是模拟运算的结果近似于实际结果,则意味着我们初步建立了神经网络模型,将该模型保存下来,用于后续实验研究;若是结果的误差较大,也就是模拟运算的结果与实际结果偏差过大,则需要调整阈值和权值,缩小两个结果的误差,让误差能够保持在限定的范围内,也就是让模拟运算的结果与实际结果不断接近,这就是我们需要的神经网络模型。这个时候在系统中输入数据之后,就能够直接运算出结果,而这个模拟运算的结果跟实际结果是非常接近的。

在学者们模拟得到的多种神经网络算法中,最受欢迎也是最有研究价值的神经网络算法是 BP 神经网络算法。这种算法不仅反应速度快,而且计算结果良好,要比其他算法更接近真实值,同时能够通过运算,修改权值和阈值,让模拟运算的结果近似于实际结果;而误差函数在这个修改过程中,也可以很快接近于零,等到计算得到的误差在可接受范围内的时候,将可以直接输出结果,得到所需要的神经网络模型公式[79]。

BP 神经网络具有较好的映射关系,而本书的研究主旨——食品安全问题,就是建立在这种分析关系的基础上开展的,试图将食品的风险划分为 5 个等级,这样能够估计食品的风险,而这种风险计算方式跟 BP 神经网络数据计算方式是一致的。同时,使用这种计算方式能够较好地避免错误,减小分析的复杂性,有利于我们解决问题。使用该种方式有利于降低数据分析的难度,因此可以用于分析具有较多缺失值的数据集,大大提高数据的利用度。另外,BP 神经网络能够较好地模拟人脑的思考,这样能够让复杂的问题变得简单,还能够减少大脑犯的低级错误,所需函数及向量如图 2.6 所示。当数据足够多的时候,得到的神经网络模型公式误差很小,这样能够帮助我们预测风险,提高食品安全性。

输入层有 n 个神经元,隐含层有 p 个神经元,输出层有 q 个神经元

输入向量:$X=(X_1, X_2, \cdots, X_N)$

隐含层输入向量:$h_i=(h_{i_1}, h_{i_2}, \cdots, h_{i_p})$

隐含层输出向量:$h_o=(h_{o_1}, h_{o_2}, \cdots, h_{o_p})$

输出层输入向量:$y_i=(y_{i_1}, y_{i_2}, \cdots, y_{i_q})$

输出层输出向量:$y_o=(y_{o_1}, y_{o_2}, \cdots, y_{o_q})$

期望输出向量:$d_o=(d_1, d_2, \cdots, d_q)$

图 2.6 神经网络函数及向量

2.4.2 深度学习

深度学习(Deep Learning)是我们在利用人工智能时的一个全新的拓展领域,它能够将输入系统中的数据直接输出结果,比如说在系统中输入了大量计算数据,人们可以通过选择算式,直接将数据以图形的形式或者是以音频、动画的形式输出给使用者。

深度学习源于人们所开展的人工神经网络领域的研究。Deep Learning 属于 Machine Learning 的分支,它属于 Neural Network 的拓展,对于我们研究深度学习很有价值[80]。早在 20 世纪 80 年代,Neural Network 很火,当时有很多学者研究这一内容,后来该技术慢慢地淡出了人们的视野,主要原因如表 2.3 所列。

表 2.3 Neural Network 淡出原因

序号	淡出原因
1	比较容易过拟合,参数比较难调整,而且需要不少窍门
2	训练速度比较慢,在层次比较少(小于或等于 3)的情况下,效果并不比其他方法更优

Deep Learning 跟神经网络相比,有很多相同的地方,也有很多差异,如图 2.7 所示。下面我们对这两个系统进行分析。它们都使用了相同的分层结构,但是只有相邻层节点之间保持着连接关系,同层是不存在连接的,而这种分层方式,本质上与人类的大脑有相似之处。

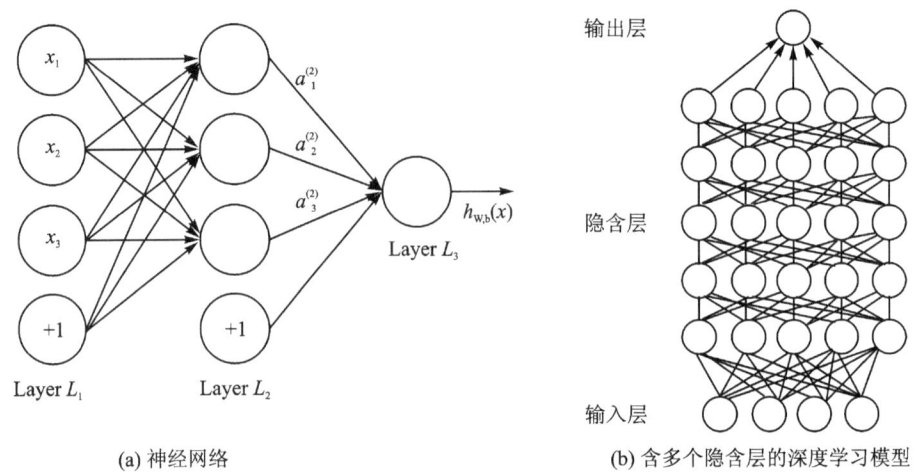

(a) 神经网络　　　　　　　　(b) 含多个隐含层的深度学习模型

图 2.7　Deep Learning 分层结构与神经网络比较

过去我们使用 Back Propagation 来进行运算。这种运算方式的做法是,先设定一个初始值,并计算网络的输出,这样能够根据得到的输出和 label 差修改前面的参数,直到计算获得的数据是收敛的,则停止该计算。

BP 算法问题如表 2.4 所列。

表 2.4　BP 算法问题

序　号	BP 算法问题
1	梯度越来越稀疏:从顶层往下,误差校正信号越来越小
2	收敛到局部最小值:尤其是从远离最优区域开始计算的时候(随机值初始化会导致这种情况的发生)
3	一般,我们只能用有标签的数据来训练,但大部分的数据是没标签的,而大脑可以从没有标签的数据中学习

BP 算法是一种比较传统的算法,的确是训练多层网络的一个经典模型,但是针对几层网络,可能 BP 模型的训练结果不是那么理想[81]。同时,针对深度学习结构,最主要的问题就是找到一个局部最小值,但是这也是研究工作中的难点。

Deep Learning 训练过程如表 2.5 所列。

表 2.5　Deep Learning 训练过程

序 号	Deep Learning 训练过程
1	使用非监督学习方式,这种学习方式的做法是从底层做起,往上一层次一层次地联系,最终达到想要的高度。而该过程可以看成是一个无监督训练过程,这也是它与传统神经网络的区别,每一次学习都能够不断地接近真实情况,让得到的数据更具有表现力;当人们在训练过程中学习到第 $n-1$ 层后,会在这一层得到一个结果,这个结果就可以作为第 n 层的输入,训练第 n 层的起始值,从而分别得到各个层次的参数,这样就可以将所有的层次都分析出来[82]
2	第二层次是自顶向下的监督学习方式,在这种学习方式中,完全跟上一种学习方式相反,第一步得到的参数,可以成为 fine-tune 多层模型的参数;而这个过程就是一个随机初始化初值的运算过程,因为它的第一步不是一个初始值,而是通过运算得到的,因此得到的结果往往更好

使用 CNN 卷积神经网络,针对网络模型复杂度问题在建立模型的过程中可以降低复杂度,同样,权值的数量也可以减少。CNN 卷积神经网络的权值共享网络其实更像生物神经网络模型,前面提到的 CNN 网络的优势在处理多维图像即输入为多维图像时,效果更加有别于其他网络。在 CNN 网络中去掉之前算法过程中对图像信息的特征提取工作和重建这些数据的两个过程,输入的图像直接当作 CNN 网络的输入源[52]。而 CNN 卷积神经网络的多层感知器可以保证 CNN 网络在倾斜、比例缩放或者平移过程中不会变形。CNN 卷积神经网络主要分为以下几个传播阶段:

(1) 向前传播阶段(见表 2.6)

表 2.6　向前传播阶段

序 号	操 作
1	在大量样本中选择一个样本 (X, Y_p),将该数值输入到网络中
2	计算结果,输出结果 O_p

注:在这个结果中,信息不断地变换,进入到了输出层,网络执行的是所有的输入数据与权值矩阵相乘获得的输出结果。

(2) 向后传播阶段(见表 2.7)

表 2.7　向后传播阶段

序 号	操 作
1	将 O_p 与 Y_p 的差输出到结果中
2	调整权矩阵,让其更实用

该种方法的优势[83]如表 2.8 所列。

表 2.8　CNN 卷积神经网络的优势

序号	优势
1	能够用来识别位移、缩放的图形,因此具有很大的实用价值,但是它不能够识别三维图形
2	因为处于同一特征映射面上的神经元权值是一样的,这保障了神经网络能够通过并行学习的方式获得知识,这也是它的一个优势
3	它在处理声音和图像方面具有很强的先进性,而且处理过程也比较简单,不会增加处理过程的复杂性,这也是我们选择使用 CNN 卷积神经网络的原因。使用该计算方式,得到的结果更简单
4	在分辨之前,必须要先提取特征,但是在很多环境中,提取特征并不是一件容易的事情,而且提取结果也不一定可靠,还要根据具体问题进行分析,才能够保证提取结果的质量,这些都使得 CNN 卷积神经网络与其他的神经网络略有不同
5	它能够用来处理灰度图片

在图像处理方面,CNN 卷积神经网络具有如表 2.9 所列的优势。

表 2.9　图像处理优势

序号	优势
1	输入图像与网络的拓扑结构能很好地吻合
2	特征提取和模式分类同时进行,并同时在训练中产生
3	权重共享可以减少网络的训练参数,使神经网络结构变得更简单,适应性更强

为了使 CNN 网络适于图像处理和便于理解,其层间联系和空域信息的紧密关系就显得尤为重要[84];而且 CNN 卷积神经网络还有很多处理图像方面的优势,比如说它能够较好地提取图像特征,还能够用来模拟人类视觉系统接受到的感官刺激,这也是该系统的一个优点。现在的大部分工作中,我们都应用到了人脸识别,有了 CNN 卷积神经网络,将更有利于模拟人的大脑,提取人脸图像信息,进行识别作业,这也是该种方式的优势之一。

2.4.3　SVM 模型

在机器学习领域,支持向量机 SVM(Support Vector Machine)是一个有监督的学习模型,通常用来进行模式识别、分类以及回归分析[85]。SVM 模型的主要思想包括以下两点,如表 2.10 所列。

表 2.10 SVM 模型的主要思想

序 号	主要思想
1	它只能够用来针对线性可分的情况进行分析;对于不是这种情况的数据,还要进行转化才能够对其进行分析
2	能够让学习机变得更加优化,还有利于降低风险,建构出最适合的分割超平面

SVM 模型的优势如表 2.11 所列。

表 2.11 SVM 模型的优势

序 号	优 势
1	使用这种方式有利于将问题转化为凸优化问题,也就是根据所有的算法,计算出函数的最小数值,其他分类方法都是建立在贪心学习策略基础上来探讨假设空间的,这样往往能够获得最优解,因此也是一种科学的计算方式
2	用户需要提供其他数据,才能够保证分析的合理性,比如提供核函数类型等
3	SVM 能够将获得的数据实现分类

SVM 模型的思路如下:

建立 SVM 模型的第一步就是映射数据到高维空间,将原本线性不可分的数据在高维空间实现线性可分。在这个过程中选取其中一个非线性映射函数 $k(x)$,这样就会使在低维空间里线性不可分的难题转化为在高维空间里线性可分的解决方案。在正常情况下,升维的映射过程会造成计算复杂性加大的问题,也就是在预测问题里经常被大家提起的"维数灾难"[86],这是一般的模型升维映射过程会造成的后果,但是本书选取的 SVM 模型避免了这个问题,利用核函数 $K(x)$,选取一部分影像元当做训练数据。通过这些训练数据维度特性,选取 SVM 模型的核函数 $K(x)$,研究者不需要了解具体非线性映射 $k(x)$ 的显示表达式,因此不会增加整个计算过程的复杂度。

不同的 SVM 模型主要取决于选择了不同的核函数 $K(x)$,该核函数具有多种类型[87],如表 2.12 所列。

表 2.12 SVM 核函数的种类

序 号	常用核函数 $K(x)$
1	线性核函数 $K(x,y)=x \cdot y$
2	多项式核函数 $K(x,y)=[(x \cdot y)+1]^d$
3	径向基函数 $K(x,y)=\exp(-|x-y|^2/d^2)$
4	二层神经网络核函数 $K(x,y)=\tanh[a(x \cdot y)+b]$

2.4.4 仿真实验

本研究对 BP 神经网络、深度学习分别进行了仿真实验,与 SVM 模型进行对比,发现 SVM 模型的预测结果优于 BP 神经网络以及深度学习模型。BP 神经网络预测结果如图 2.8 所示,深度学习预测结果如图 2.9 所示。

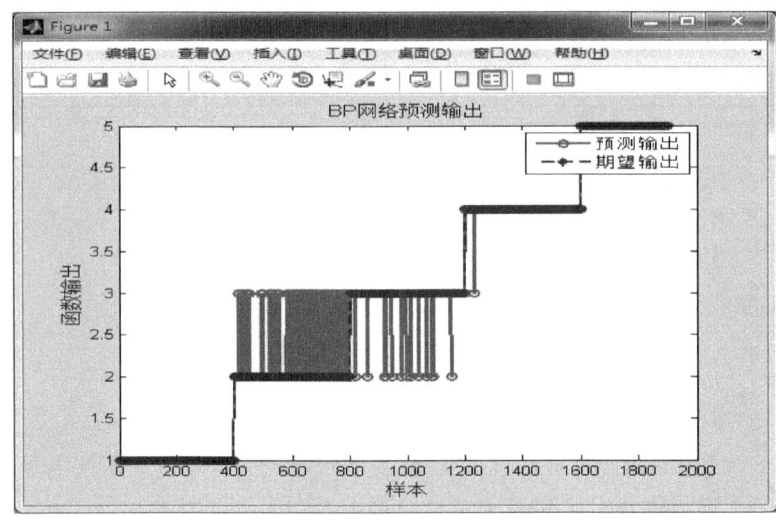

图 2.8　BP 神经网络预测结果

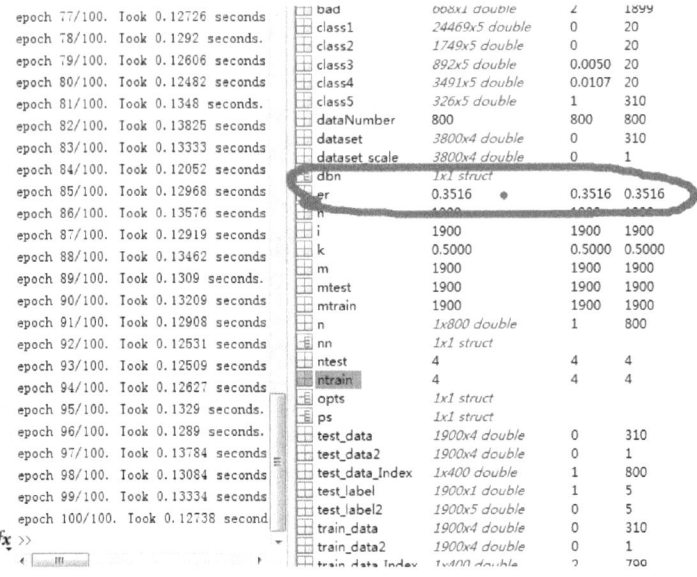

图 2.9　深度学习预测结果

2.5 建立基于 SVM 的食品安全风险预测模型

2.5.1 算法的设计

本研究利用 SVM 模型,建立食品安全风险预测模型,原始数据属于线性不可分的情况,通过核函数映射到高维度空间寻找超平面,将食品安全数据进行分类。支持向量机(Support Vector Machine,SVM)这种模型可以实现对数据的分类,包括线性可分情况和线性不可分情况。

1. 线性可分

对于 SVM 来说,它用于二分类问题,也就是通过寻找一个分类线(二维是直线,三维是平面,多维是超平面)可以将数据分为两类,并用线性函数 $f(x) = w \cdot x + b$ 来构造这个分类器。如图 2.10 所示是一个二维分类线。

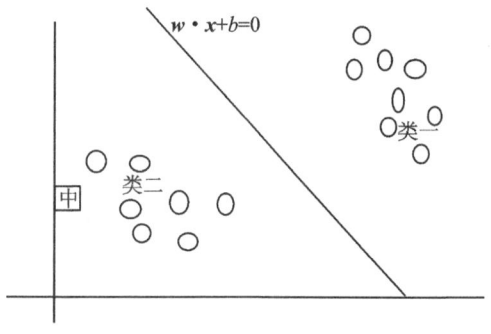

图 2.10 二维分类线

其中,w 是权重向量,x 为训练元组($x = (x_1, x_2, \cdots, x_n)$,$n$ 为特征个数,x_i 为每个 x 在属性 i 上对应的值),b 为偏置,$w \cdot x$ 是 w 和 x 的点积。当某数据被分类时,就会代入此函数,通过计算 $f(x)$ 的值来确定所属的类别,当 $f(x) > 0$ 时,此数据被分为类一;当 $f(x) < 0$ 时,此数据被分为类二。

如何确定哪条二维分类线是最优的?对于这个问题,SVM 是通过搜索"最大边缘距离分类线(面)"来解决的。如图 2.11 所示,如果我们将某一分类线向右平移,当平移到右侧最大限度,又能确保此时的这个被平移的线仍然能将数据分为两类时,也就是如图 2.11 中线二所示的右侧与类一中某个或某些数据(实心点)相交的位置。此时正好在线右侧和线上的数据是类一,在线左侧的数据是类二;同理,如果我们将这个分类线向左移动,也就是移动到左侧最大限度(如图 2.11 中线一),此时这条线刚好也与类二中的某个或某些(实心点)数据相交,线上和线左侧的数据是类二,线右侧的数据是类一。对于这两条"极限边界线",我们可以称之为支持线,或者对于面来说,就是支持面,而确定这些支持面或者支持线的那些数据点,我们称之为支持向量。两个支持线或支持面之间的这个距离,就是我们所说的边缘距离。

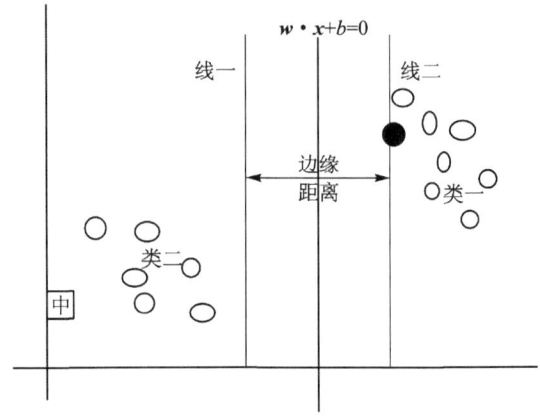

图 2.11　边缘距离示意图

在这里我们可以发现,不同的分类线(面)会对应不同的支持线(面),支持线(面)之间的边缘距离也是不同的,并且边缘距离越大的分类线,越能保证分类精度。因此,分类线(面)是最大边缘距离的,就是要寻找的。也就是说,对于线性可分的情况,SVM 会选择最大化两类之间边缘距离的那个分类线(面)来完成二分类问题,并且此分类线(面)平行于两个支持线(面),平分边缘距离。图 2.12 所示是一个与图 2.11 相比,拥有更大边缘距离的分类线(面)。

2. 线性不可分

如果存在上述线性可分的情况,那就必然存在线性不可分的情况。如图 2.13 所示,很好地展示了 SVM 模型解决线性不可分问题的逻辑,总结 SVM 模型解决此类型问题的逻辑就是寻找一个原始数据线性可分的高维空间,将线性不可分的数据映射转化到线性可分的高维空间。图 2.13 就是将数据从二维空间转化到三维空间,找到一个分类面,完成分类。

实际上在利用 SVM 模型中,模型并非实实在在地将数据映射到一个高维空间中,而是在低维空间向高维空间转化的过程中,利用核函数 $K(x)$ 这种方法巧妙地找

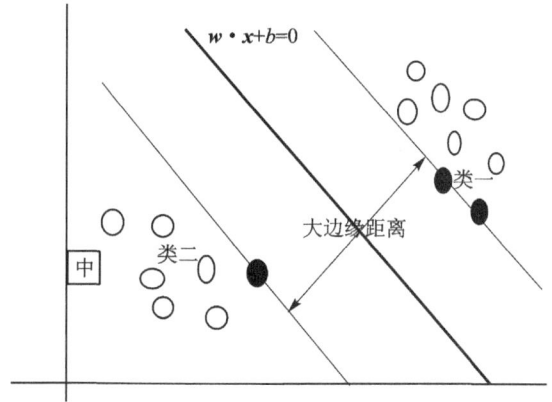

图 2.12 大边缘距离示意图

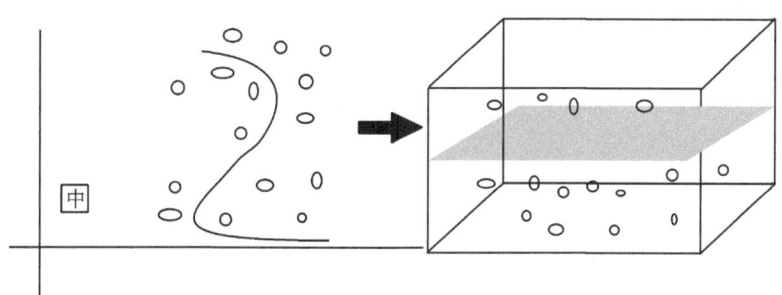

图 2.13 二维数据转化到三维

到一个分类面,而在低维空间线性不可分的原数据将作用于这个最大边缘分类面。在整个转化的过程中,在这个 SVM 模型中,具体的映射函数是如何作用于原输入数据的,到底映射函数是什么并不重要,我们只需要确定一个稳定、可靠、转化效果好的核函数 $K(x)$ 即可。通过该核函数 $K(x)$,原数据映射到了高维空间并可以进行分类,但计算过程还是在线性不可分的低维空间完成,很好地提高了计算效率,避免了高维空间运算过程。

2.5.2 核函数

前面介绍了 SVM 模型分为线性可分与线性不可分两种情况。当遇到线性不可分的情况时,需要在数据分类前选择一个核函数 $K(x)$,在二维空间线性不可分的数据通过选择的核函数 $K(x)$ 可以映射到高维空间,在高维空间进行划分,通过这个核函数方式就解决了 SVM 在原有空间无法线性可分的难题。

同时,通过研究发现,一般不会只有一个训练数据单独出现,通常都是以成对形式出现,所以利用 SVM 模型的优点就是模型本身确定的输入属性个数并不会影响到整个 SVM 模型的可调参数个数,两者不是相互依靠的关系,所以在几大类核函数 $K(x)$ 中选择适当的一个来作为内积,这样通过核函数 $K(x)$ 就可以在将原空间线性不可分的训练数据映射到高维空间的同时,保证相应 SVM 模型的可调参数不会发生个数变化。

其实核函数 $K(x)$ 的功能作用很好理解,以二维空间和三维空间为例,如图 2.14 所示,圆圈代表一类数据,叉代表一类数据,两者在二维空间是线性不可分的,但通过核函数 $K(x)$ 将二维空间数据映射到高维特征空间,寻找到一个分离超平面将两类数据划分开,把在二维空间本身不好分类的数据进行分类,这就是核函数 $K(x)$ 的作用。

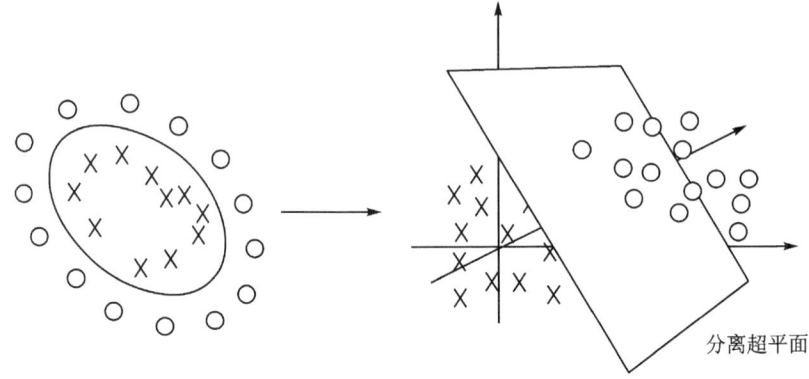

图 2.14 核函数 $K(x)$ 升维原理图

以下是几个比较常用的核函数:

(1) 线性核函数(Linear Kernel Function)

$$k(x,y) = x^\mathrm{T} y + c \tag{2.1}$$

(2) 多项式核函数(Polynomial Kernel Function)

$$k(x,y) = (a^\mathrm{T} y + c)^d \tag{2.2}$$

(3) 径向基核函数(Radial Basis Kernel Function)

$$k(x,y) = \exp(-\gamma \| x - y \|^2) \tag{2.3}$$

径向基核函数同时也被称为高斯核(Gaussian Kernel),是核函数 $K(x)$ 的另一种表达形式:

$$k(x,y) = \exp\left(-\frac{\| x - y \|^2}{2\sigma^2}\right) \tag{2.4}$$

径向基核函数是指取值仅仅依赖于特定点距离的实值函数,也就是 $\Phi(x,y) = \Phi(\| x - y \|)$。关于特定距离实值函数的确定方法,虽然其他距离函数也可以使用,但正常情况下大多数特性函数还是用欧氏距离,特性函数 Φ 凡是满足 $\Phi(x,y) = \Phi(\| x - y \|)$ 的,都叫作径向量函数[88],如表 2.13 所列。

表 2.13 径向基核函数

其他常用径向基核函数 $K(x)$	其他不常用径向基核函数 $K(x)$
幂指数核	ANOVA 核
	二次有理核
拉普拉斯核	多元二次核
	逆多元二次核

1) 幂指数核(Exponential Kernel)

$$k(x,y)=\exp\left(-\frac{\|x-y\|}{2\sigma^2}\right) \tag{2.5}$$

2) 拉普拉斯核(Laplacian Kernel)

$$k(x,y)=\exp\left(-\frac{\|x-y\|}{\sigma}\right) \tag{2.6}$$

3) ANOVA 核(ANOVA Kernel)

$$k(x,y)=\sum_{k=1}^{n}\exp\left[-\sigma(x^k-y^k)^2\right]^d \tag{2.7}$$

4) 二次有理核(Rational Quadratic Kernel)

$$k(x,y)=1-\frac{\|x-y\|^2}{\|x-y\|^2+c} \tag{2.8}$$

5) 多元二次核(Multiquadric Kernel)

$$k(x,y)=\sqrt{\|x-y\|^2+c^2} \tag{2.9}$$

6) 逆多元二次核(Inverse Multiquadric Kernel)

$$k(x,y)=\frac{1}{\sqrt{\|x-y\|^2+c^2}} \tag{2.10}$$

另外一个是 Sigmoid 核：

$$k(x,y)=\tanh(ax^{\mathrm{T}}+c) \tag{2.11}$$

上面介绍的几种运算方式还是比较常见的,可用参数直接设置。但是还有一些运算方式不常见,这些运算方式需要使用代码自己指定,增加了运算量。

通常人们在面对问题的时候,都想用一种核函数来解决所有的问题,这是不可能的,需要根据不同的问题,选择不同的核函数,这样才能够提高计算结果的准确性[58]。核函数种类介绍如表 2.14 所列。

表 2.14 核函数种类介绍

序号	核函数种类	介绍
1	多项式核	虽然这种方法比较麻烦,但是它的映射关系是可以表达出来的,只是有些时候没有必要,还需要根据具体的情形去探讨
2	高斯核	如果参数选得很大,则权重变化得很快;反之,变化就会很小。虽然说能够实现将任意数据映射为线性可分,但这并不意味着是件好事,有可能会带来严重的拟合问题。但是总体来说,高斯核的应用价值已经很高了,这也是人们更多应用高斯核的原因[89]

如何选择一个准确的核函数 $K(x)$,在目前研究阶段来看并没有很明确的方法或者说规则,缺乏相应的指导工作。通过之前的研究及实验结果发现,并不是某一类核函数 $K(x)$ 效果就是最好的,针对不同类型的问题,核函数 $K(x)$ 效果不同,某些问题这一类核函数 $K(x)$ 效果不错,但针对另一些问题或许效果就不佳。从整体来讲,本研究选用的径向基核函数 $K(x)$ 的整体效果不错,没有太大偏差出现。

2.5.3 SVM 的建立

1. SVM 的训练过程

建立 SVM 模型的一大部分工作是进行 SVM 训练过程,选取一部分数据作为训练数据。通过训练数据维度特性,首先选取 SVM 模型的核函数 $K(x)$,本研究选择的是径向基核函数。通过确定的 SVM 核函数,能够总结出一个最优分类超平面,对训练数据进行分类划分工作,利用 SVM 模型通过最优分类超平面找到支持向量机和 VC 可信度,通过这些数据得到判别函数 $F(x)$,完成接下来对各特征类别的判断工作。

2. SVM 的判决过程

建立 SVM 模型的另一部分工作是 SVM 判决过程,利用另一部分非训练数据,通过上一部分选取的核函数 $K(x)$,映射到相应的特征空间中,这是上一部分形成的判别函数 $F(x)$ 的输入,之后通过判决函数得出的结果即分类结果。

该种方法的优势如表 2.15 所列。

表 2.15　SVM 模型的优势

序号	优势
1	其函数只需要经过少数支持向量就能够确定,这样大大防止了"维数灾"的现象
2	只需要使用支持向量就能够决定结果,这样有利于我们简化运算过程,"剔除"不必要的样本,因此使用这种运算方式也可以简化数据处理过程,提高数据处理的便利性
3	使用该方法具有较为完备的推广能力,这也是这种方法的独特优势之一
4	人为的干预越少,代表计算结果越精确,而使用这种方法恰恰能够满足上述条件

2.5.4　仿真实验

本研究是基于 SVM 建立的食品安全风险预测模型,步骤如图 2.15 所示。

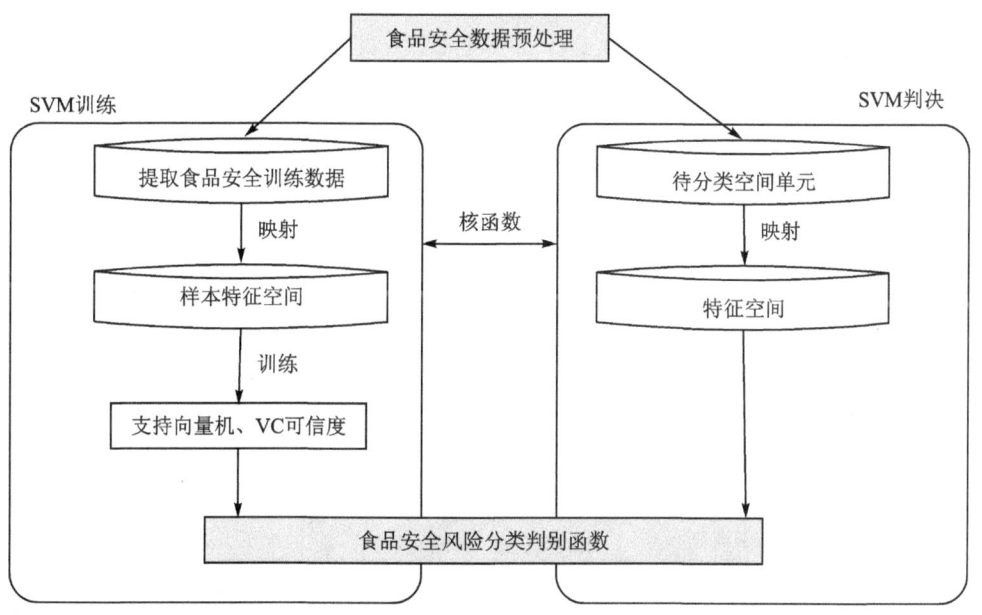

图 2.15　基于 SVM 的食品安全风险预测模型建立步骤

SVM 模型实验使用数据的预处理工作

本研究将食品罐头种类分为畜禽水产罐头、果蔬罐头及其他罐头三大类,在 SVM 模型中分别用数字 1、2、3 表示,即畜禽水产罐头——1,果蔬罐头——2,其他罐头——3。然后将这三大类罐头各分为几大小类,并用数字 1~8 表示,具体对应情况如表 2.16 所列。

表 2.16　罐头种类模型代码

一级科目	二级科目	模型代码
畜禽水产罐头	水产动物类罐头	1
	畜禽肉类罐头	2
	鱼类等水产罐头	3
果蔬罐头	果蔬罐头	4
	食用菌罐头	5
	蔬菜罐头	6
	水果罐头	7
其他罐头	其他罐头	8

三级科目即风险源最后确定为 20 个种类，分别用数字 1~20 来代替，具体对应关系如表 2.17 所列。

表 2.17　风险源模型代码

风险源	模型代码
Norovirus(诺瓦克病毒)	1
Histamine(组胺)	2
Hydrogen Peroxide(过氧化氢)	3
Salmonella(沙门氏菌)	4
Hepatitis A Virus(微小 RNA 病毒科)	5
Bacillus Subtilis(枯草芽孢杆菌)	6
Undeclared Gluten(谷胶)	7
Escherichia Coli(大肠杆菌)	8
Listeria Monocytogenes(核细胞李斯特菌)	9
Ethephon(乙烯利)	10
Tebuconazole(杀菌剂)	11
Mycotoxins(霉菌毒素)	12
Dimethoate(有机磷杀虫)	13
Mercury(汞)	14
Lead(铅)	15
Allergens(变应原)	16
Pathogenic Micro-organisms(微生物)	17
Aflatoxins(黄曲霉毒素)	18
Unauthorised Substance Dichlorvos(杀虫剂)	19
Chromium(铬)	20

风险等级分别用数字 1~5 表示。将实验数据转化为数字形式以便 MATLAB 实验使用。

(1) 在 MATLAB 中进行 SVM 模型的实验及研究成果

① 实验目的:掌握 SVM 的原理、核函数类型选择以及参数选择等。

② 实验内容:

a. 对食品安全风险预测结果进行分类;

b. 能够得到较为准确的分析结果。

③ 实验条件:使用 LibSVM 软件包和 MATLAB 2014b。

④ 实验流程:

a. 确定本仿真实验的训练数据和测试数据,并将所有数据进行预处理,做好相应的归一化处理,让两部分数据都归一到[0,1]区间之内,清晰区分训练数据和测试数据;

b. 确定在仿真实验中两部分数据的标签集,为接下来建立 SVM 模型分类做好基础依据;

c. 对训练数据进行处理,通过 SVM 模型的建立,得到 model;

d. 在 MATLAB 中实验,并经过测试得到 accuracy rate。

⑤ 实验结果:在 MATLAB 中进行建立基于 SVM 的食品安全风险预测模型的实验,并对实验结果的准确性进行验证,实验结果如图 2.16 和图 2.17 所示。

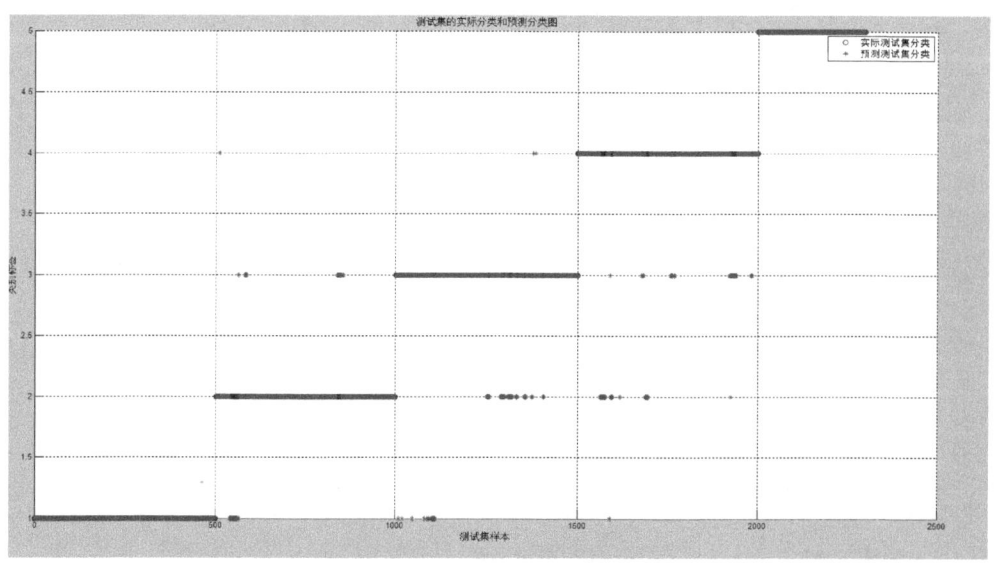

图 2.16　实验结果

```
*..*
optimization finished, #iter = 3040
nu = 0.007705
obj = -294.107797, rho = -0.140767
nSV = 895, nBSV = 0
Total nSV = 2817
Accuracy = 91.913% (2114/2300) (classification)
>>
```

图 2.17　实验结果准确性验证

(2) 部分实验代码

① 进行训练数据和测试数据的分类工作,一部分数据用来建立 SVM 模型,另一部分数据用来检验建立好的 SVM 模型的准确率及预测效果。

```
<
%% 自动随机选择训练数据和测试数据
dataNumber = 892;              % 训练数据 + 测试数据一共用 dataNumber 个
n = randperm(dataNumber);      % 产生 dataNumbe 个数,大小为 1 - dataNumbe,随机排列
k = 0.5;                       % k 是训练数据比例,如 k = 0.5,说明所有数据中 50% 训练,50% 测试
train_data_Index = n(1,floor(1:k * dataNumber));
test_data_Index = n(1,floor(k * dataNumber + 1):end);
>
```

② 完成数据预处理归一化工作,将训练数据和测试数据都做归一化处理。

```
<
%% 数据预处理
% 数据预处理,将训练集和测试集归一化到[0,1]区间
[mtrain,ntrain] = size(train_data);
[mtest,ntest] = size(test_data);
dataset = [train_data;test_data];
% mapminmax 为 MATLAB 自带的归一化函数
[dataset_scale,ps] = mapminmax(dataset,0,1);
dataset_scale = dataset_scale;
>
```

③ SVM 网络训练。

```
% % SVM 网络训练
model = svmtrain(train_label, train_data2, '-c 67 -g 93');
```

④ SVM 网络预测。

```
% % SVM 网络预测
[predict_label, accuracy] = svmpredict(test_label, test_data2, model);
```

2.6 出口欧盟食品安全体系的建议

2.6.1 我国出口食品问题汇总

统计分析 RASFF 报告数据,我们可以了解我国现在在出口食品的安全问题上还存在哪些比较典型的问题。食品出口问题大致汇总为以下几点,如表 2.18 所列。

表 2.18 我国出口食品问题

序号	食品安全问题	发生的事件和带来的影响
1	病原微生物带来的食品安全问题	2009 至 2013 年,因病原微生物带来的食品安全问题的发生数多达 1 244 起。在这些事件中,总共导致了 3 万多人中毒,其中有 749 人死亡,死亡率达到了 2%,因此,可以说病原微生物带来的食品安全问题是我国急需解决的问题。这类事件带来的影响力颇为宏观,不仅威胁着人们的生命安全,更会导致人心恐慌。目前这类问题引发的事件比率为 72%,造成的患者致病率为 76%,造成的死亡人数比率达到了 66%,这些都说明今后我国的工作重点应该放在控制病原微生物带来的影响上[90]
2	农药、兽药滥用带来的食品安全问题	2012 至 2015 年,对我国全部省份进行了农残检查,结果发现检查出来的农残发生比率维持在 38.2%~88%之间,说明我国是存在着农药、兽药滥用问题的,这些地区的果蔬安全问题令人堪忧。上述数据说明,相关部门现在对这方面的掌控能力不足,农药、兽药泛滥成灾,再加上消费者的自我保护意识不够,不会用法律武器来维护自己的权利,当然有一部分原因是因为人们习以为常,这些都导致了食品安全问题时有发生,给我国居民身体健康造成了威胁[91]

续表 2.18

序 号	食品安全问题	发生的事件和带来的影响
3	重金属、真菌带来的食品安全问题	粮食污染问题也是最近几年比较突出的问题,从现在的情形来看,大部分粮食的污染较严重,粮食中含有超量的镉、砷、铅、汞。经过检测发现,不同批次的粮食中,有9%以上的粮食遭到了重金属的污染,而我国南方地区的粮食污染较严重,要远远高于北方,这可能源于南方重工业发达,造成土地污染现象严重,最终引发了粮食污染。南方地区的土壤中多有重金属,因此若想控制重金属污染,可以从减少工业排放角度入手,提高土壤质量,让粮食生长的源头不会受到重金属干扰,保证粮食生长环境更加健康。真菌毒素的控制也非常重要,根据联合国方面的声明发现,我国每年有约四分之一的粮食会受到真菌污染的威胁。因为真菌毒素的毒性大,所以这些粮食在遭到真菌污染之后,只能扔掉,而每年因为这方面造成的粮食损失高达 10 亿吨。有关部门统计发现,我国每年有 3 000 多万公吨的粮食饱受毒素的威胁,这些粮可以养活非洲地区的所有难民,在全世界的粮食生产中占比为 6.2%。因此若是采用科学的防控措施,将有效降低因为真菌毒素造成的粮食损失,我国也能够减少 850 多亿元的损失[92]
4	非法添加带来的食品安全问题	从统计结果来看,粮食中掺假的概率很高,而且这些食品非法添加往往需要较高的检测技术才能够检测出来,这些进一步造成了粮食对人体健康的威胁,粮食安全问题迫在眉睫

针对以上几个问题进行分析以及调查研究发现,我国目前比较严重的几类食品安全问题如表 2.19 所列。

表 2.19 食品安全问题构成

序 号	食品安全问题产生的源头	发生的事件和带来的影响
1	农产品产地带来的食品污染问题	河流污染:经过研究发现,我国约有 30%以上的河流遭受了污染,大部分污染的河流集中在城市地区,城市中有 90%的水体都受到了污染,其中有 60%的水体处于严重污染状态,现在已经完全不能使用,无论是生活用水还是灌溉用水都不行,若是不治理,将会彻底丧失水体的使用价值;耕地污染:我国的耕地也受到了严重的污染,我国虽然地域广阔,但是总耕地面积还是比较少的,就在这少数的耕地面积中,还有 16%的耕地受到了污染,其中受到严重污染并且丧失了耕种价值的耕地面积占据总耕地面积的 2.9%,最近几年,该比例正在不断增大中;农业污染:经过研究发现,农业污染要比工业污染更严重,甚至是工业污染的 7.5 倍。过去人们认为工厂排污问题是最需要解决的污染问题,现在看来并非如此[93]
2	食品工业薄弱带来的食品污染问题	我国的食品企业中,很多都是小作坊企业,这些小作坊企业卫生意识差,甚至有的小企业污水横流,苍蝇、老鼠随处可见,给人们的饮食安全造成了隐患。但是这些小企业又是我国经济发展的重点,也无法忽视它们的力量

续表 2.19

序号	食品安全问题产生的源头	发生的事件和带来的影响
3	科技水平低带来的食品污染问题	我国科技投入水平很低,远远落后于国际上发达国家对科技方面的投入,导致我国食品质量问题严重,甚至还有些食品属于三无食品,这些都说明我国的任务还很重,应该及时意识到科技的重要性,用科技带动食品技术的发展,减少食品污染问题的发生
4	监管落后带来的食品污染问题	比如说上海福喜事件[94]就非常值得关注,这件事情造成了恶劣的影响,让居民生活得很惶恐,甚至对我国食品安全监管丧失了信心
5	社会治理格局缺陷带来的食品污染问题	企业方面的责任意识薄弱,对食品污染问题的重视程度不够;监督力量较小,虽然有违法现象,但是有关部门的处罚力度不够。与其改正还不如接受处罚,这是很多食品生产部门的共识;公众也不认为食品安全问题很重要,自己没有什么维权意识,再加上国家监管部门少,即使发生了利益冲突,群众维权无门,只得忍气吞声,这些都说明我国食品污染问题令人堪忧

2.6.2 监管机制

面对复杂的国外市场,我国应建立相应的一套出口欧盟的食品安全风险预测体系。在欧洲,食品安全众所周知,以严谨著称的德国一直在起着带头作用,像从德国政府角度出发实行的食品安全监管政策、从企业角度出发的食品企业自查行为,以及针对保护消费者健康而生成的报告制度等,这些决定性机制一直都在运转着。从德国食品安全体系中可以发现,不管是政府、企业,还是民众,只有这三大类群体、各行各业都在食品安全的监管活动中积极参与,才能保障整个食品安全体系的有效运行。

1. 政府监管

基于德国的基本国情以及相应的国家制度,德国在食品安全政府监管中采用的是"将责任下放,主体部门统一管理"的策略。我国也可以根据国情建立相应的策略,明确政府负责食品安全监管的部门。而专门负责食品安全监管的部门一方面需要完善我国的食品安全相关法律法规,从全局角度对食品安全管理进行统一规划,并负责各地方对政府相关食品安全法律法规的实施落实情况;另一方面,在针对出口食品安全的工作中,应与各个国家保持密切联系,深入了解并掌握各项食品安全标准,降低贸易壁垒,维护国际利益。同样,我国也应像德国政府一样,重视风险的存在意义,在风险评估及交流工作中起到带头作用,协调各部门做好食品安全事故的应急预案。

2. 企业自检

不管在哪个国家或地区,都应明确食品安全问题的责任单位,食品生产和加工企业必须要对食品安全问题负全部责任。为了保证责任单位可追踪,应建立完善的食品企业监管制度,例如必须要在相关部门完成企业的登记注册,积极配合相关部门的随时工作检查。对于食品企业本身来说,应该做好之前所有数据,包括原材料数据、生产数据、销售信息等的保存,为之后的食品安全问题追踪、对企业安全性评定等工作提供依据,这也符合企业的自身利益。从企业角度出发,为了降低出口过程中不必要的经济损失,应该建立完善的食品安全检测机制,对自家生产、加工的食品进行全程跟踪,包括物流和销售等各个环节[95]。经过食品安全风险等级预测之后,对不同风险等级的食品采取不同措施,像风险等级高的产品就应提高自身的自检力度,做好监管工作,把出口风险降到最低。同样,对于风险等级较低的产品,可以采取适当的监管措施,降低企业经营成本。通过一系列企业自检工作,提高食品出口收益,降低食品出口风险。

3. 消费者参与

应十分重视消费者的作用,在食品安全监管机制中,消费者是不可缺少的重要力量。例如在像德国这样的食品安全监管网络中,消费者就发挥着积极的作用。消费者会亲自参加到食品安全监管的工作中。我国应建立完善的消费者协会,与政府、企业共同完成食品安全监管工作,对食品安全风险具有警觉意识,对食品安全风险有足够的认识,能通过相应的政府机构共享到详细的食品安全风险信息及相关的知识,随时掌握食品安全的动态。消费者可以利用好政府建设的食品安全资讯站等来进行咨询、学习、提问甚至是举报。在整个食品安全监管机制中,消费者自身都应该提高食品安全意识,政府起到积极鼓励作用,推动消费者在监管工作中参与其中,消费者与相关部门配合,解决好食品安全问题,完善我国食品安全监管机制。

2.6.3 食品安全治理对策建议

根据欧盟食品快速预警系统架构及报告数据分析结果,针对我国的食品安全治理对策有以下几个建议:

第一,从总体来看,针对食品安全的一个发展路线图是尤为重要的,应该是国家带头制定的中长期规划类型,而规划的目标也应从全局考虑,监管环节应该前移,监管力度应该加强,发现食品安全问题的能力应该大大提高。在有大数据的前提下,更应该以预测落实为中心。针对这一中心规划全局目标,相应地分解成具体几项不同的监管保障体系、相应的治理基本原则、战略目标以及战略措施。消费者应该是食品安全治理的优先群体,各个部门都应该协调起来、配合起来,在这个过程中更重要的是要将发现的或者预测的风险分析结果和风险信息共享,做到公开、透明。为了让食品安全治理效果更好,像备受消费者关注的食品类型以及容易爆发安全问题的食品类型这种重要的专项治理必不可少,并且应在长期治理的原则下发挥最大的效用。

通过各部门协调、风险信息的共享策略以及重要的专项治理工作,应该最终达到几项战略目标,例如像之前极其严重的农药随便使用的问题应该得到控制,由于农药滥用所造成的环境污染问题也会随之得到一定的改善;食品安全问题中还有很大一部分是因为造假或者掺杂而引起的,这种非法食品生产经营的问题应该在专项治理工作中得到解决;对可以追溯的微生物污染问题也要重视起来,通过一些新科技手段及追溯、监测、监控等遏制微生物污染问题。

第二,随着科技的发展及创新能力的提高,针对食品安全治理的科技手段要大力加强,通过欧盟食品快速预警系统,我们可以发现发达国家在食品安全治理技术上十分重视"控制"的发展,这个"控制"包括三个方面,分别是从源头进行控制、在过程中进行控制以及对全过程进行控制,并且各项先进技术要及时结合起来,促使食品安全治理的发展速度加快。发达国家关于食品安全的网络实验室也已经有了基本架构。我国应重视食品安全问题,将全新的科学技术引入到食品安全问题的治理中,大大激发我国食品安全的管理能力,让食品安全实现创新驱动发展,加快进入信息化时代,这些都离不开科技力量的强大支撑。因此关于食品安全治理应该列入我国科技重要专项之中,做好三个"控制"和重要技术的突破性工作,提高工作效率,让科学技术在食品安全问题的监管中发挥重要的作用。不难发现本书的研究对象——欧盟的 RASFF 系统,已成为在食品安全检测领域的信息网络,而该网络能够大大提高食品安全管理的能力。

第三,食品安全治理架构能否建设好,重要的基础就是数据,因此基础检测是极其重要的。同样重要的还有食品安全治理的计量标准。应建设好基础检测的环境,做好数据存储及分析工作,尽快把我国的食品安全整体预警网络建设完毕,重视国家监测工作。我国正努力成为食品安全大国,那么基础监测工作就不容忽视,针对我国的食品安全状况,我国有几个重要的基础检测方向,例如在食品安全问题中比较重要的微生物、污染物检测工作,致病菌、微生物和农药化学污染物检测都是监管的重点,还要有真实的跟踪。通过这一系列检测工作的开展,把完善的监测工作网络建设好,形成相应的数据库,从而完成信息化工作。同样,监测技术发展好、处理好这些新技术数据也是对我国执法的有力支撑。但并不是有了先进的检测技术就能很好地执法,相应配套的法律也是必需的。

欧盟食品快速预警系统中,在每个环节都有相应的法律法规,比如有专门为残留监控制定的、有检测采样的规定。法律法规是检测技术的重要保障。

第四,我国的食品安全治理要基于国情,适应时代的发展,注重法律结构和变更情况,因此应重视大数据的重要性。由于前几年食品安全问题频发,人们似乎对食品安全治理工作失去了信心,因此应十分重视对食品企业的安全诚信教育,注重食品产业链的道德建设,同时法律体系架构应合理、与时俱进。美国第一部《食品和药品法》发布以来,不断进行着更正或更新的工作,其中有几部法律是总统亲自签署发布的。我国更应该通过政府、企业、消费者等多方力量,做好食品安全工作,并随着科技的发展,发挥好大数据的预测作用。

第五,重视风险、解决风险、利用风险。发达国家十分重视每一个风险的发现、解决、总结、交流的过程,为了更好地做到交流,还专门设立交流机构,积极开展消费者对食品安全风险的认知调查。我国要想建设好食品安全治理体系,针对食品安全的风险评估、风险交流等风险管理工作,依然是使食品能够让人放心食用的根基,但是这一环节我国做得还不够好,与发达国家相比还存在着不小的差距,若是在今后的工作中能够重视到这一点,我国与先进国家的差距将会不断缩小。对风险管理的重视程度要提高,完善好对风险的管理会更进一步提高我国的食品安全治理水平,要把风险分析作为食品安全治理科学决策的重要方法。在与消费者的沟通中,随时共享相关的食品安全风险信息,做到共同执法、互相监督执法,而不能依旧像之前一样只有政府进行监管,应该与消费者一起借助社会力量形成一种新的食品安全监管模式。

2.7 小　结

针对食品安全风险预测这个大专题,本书把研究内容聚焦在我国出口欧盟的食品安全风险预测上,并选择以食品罐头为例。在对食品安全及风险预测两大问题研究的基础上,完成对本研究具体问题的描述。基于欧盟食品和饲料快速预警系统数据,对出口欧盟的食品安全风险进行五级分类,选择了支持向量机 SVM 这一有监视功能的预测模型,并在优化参数的方法中利用遗传算法,改进模型,建立出口欧盟的食品安全风险预测模型,提高风险预测的准确率。

在仿真实验部分,处理 RASFF 数据,编写 MATLAB 程序进行仿真实验,并在后期对深度学习、BP 神经网络几种风险预测模型结果进行比较验证,发现改进后的 SVM 模型预测效率更高。建立风险预测模型之后,可以对将要出口欧盟的食品先进行风险预测及评估,一方面面向公众,及时发布风险预警,让消费者注意潜在的风险;另一方面面向企业,降低出口可能遇到的损失,并督促企业自身采取降低风险的措施,更好地提高整个行业的食品安全水平。同时对政府来说,有利于在预测风险等级之后,加强联动管理,及时监管并分类处理,实现信息共享,降低贸易壁垒。

第 3 章 供应链中物流需求预测研究

本章重点聚焦于生鲜农产品冷链运输的需求预测问题,通过对生鲜农产品物流需求相关影响因素进行具体分析,从我国区域性市场经济增长水平、产业结构、人口发展水平、社会固定资产投入、区域交通运输状况、产品供给、冷链运输状况七个维度出发建立生鲜农产品冷链物流需求预测指标体系,并利用灰色关联分析法对选定的指标进行筛选与分析,在此基础上从线性相关及非线性相关两个角度建立主成分回归及 PCA-BP 神经网络模型,并建立基于 Shapley 值法的组合模型,完成需求预测模型的构建。最后对北京市生鲜农产品冷链物流进行实证研究,通过与不同权值确定法建立的组合模型、各单一预测模型的预测误差进行对比,验证了所建立的组合预测模型的有效性。

3.1 国内外研究现状及分析

3.1.1 国内外生鲜农产品冷链物流研究现状及分析

1. 国外生鲜农产品冷链物流研究现状及分析

国外的物流起步相对较早,早在 1894 年,美国工程师阿尔伯特为了阐述和说明当食品从一个生产环节开始到达消费者手中时,合理地控制易腐蚀产品的温度从而减少和降低食物发生变质的概率和速度,提出了冷链这一概念。但冷链并未因此发展起来,直到 1940 年才开始发展起来[96]。

目前国外关于生鲜农产品的冷链物流的研究主要集中在以下几个方面。

(1) 针对生鲜农产品冷链物流的成本与运输问题的研究

A. R. Trott 等人指出,最早的冷藏运输可以追溯至 1880 年,部分农产品在运输前是需要预先冷却或冰冻的,在运输过程中,农产品通常放在隔热容器中,且有其独立的冷却系统以维持其质量与安全[97];Mejjaouli Sobhi 等人为生鲜农产品冷链物流决策提出了一种与发货相关联的临时虚拟机系统,实证研究该冷链物流运输运行系统不仅有效提高了产品运输效率,而且降低了冷链运输成本[98];Z. Rao 从农产品配送路径优化角度进行深入研究,除了综合考虑了各项成本外,还考虑了客户满意度,在车辆负荷和时间窗口的限制下,建立了综合成本最小的优化模型,优化了城市农产品的物流配送路径[99];Vardan Parashar 等人将自然冷却技术应用到农作物的储存与运输中,从而延长了农作物的保质期,优化了农作物的冷链运输性能[100]。

(2) 针对生鲜农产品冷链物流的食品安全保鲜问题的研究

J. K. Heising 等人讨论了智能包装作为冷链物流管理工具的可能作用,以及在商业应用中实施此类技术的障碍,并提出智能包装能够对食品的温度、环境进行监测,有助于冷链流通管理[101];C. Beretta 等人为了最大限度地减少农产品在冷链物流运输中的损失,将生命周期评估与虚拟冷链相结合,使用计算流体动力学来跟踪整个冷链中每个产品的冷却过程,加强了对于冷链物流食品安全的监管[102];K. Likar 等人通过走访调查食品贸易中冷链维持的情况发现,对于易腐食品的最佳储存温度与实际温度相差较大,甚至高达 10 ℃,表明零售商对于生鲜产品的冷链物流并不重视,因而提出在食品生产和贸易中引入 Haccp 体系已成为必要[103]。

(3) 针对生鲜农产品冷链物流信息追踪与运作效率的研究

T. Kelepouris 等人提出将射频识别技术(RFID)应用至食品供应链中,利用 RFID 技术实现供应链中实现端到端可追溯性[104];K. Kim 等人为了实现冷链物流运输过程中环境条件的监控和跟踪,提出了一个智能风险管理框架,有效提高了物流信息追踪的智能度与灵敏度,提高了物流运作效率[105];J. R. Villalobos 等人将智能传感和信息技术应用到新鲜水果和蔬菜的物流运输中,并将这个技术收集到的数据转化为科学有效的物流运输决策,降低了冷链物流运输中的损耗率,为消费者提供了更新鲜、高品质的食品[106];R. Montanari Rontanari 等人为了有效跟踪冷链物流运输情况,通过比较微观流量模型及运动波(LWR)模型,为冷链物流运输提出了结构化的框架,从而实现有效的冷链物流的跟踪,降低损耗成本[107];Marinelli 深入了解了专门从事仓储和分销物流服务公司的冷链物流监测系统,引入物联网平台,实现对产品、车辆温度和湿度以及其他交通参数(包括车辆位置)的实时监控。通过该平台利用射频识别(RFID)标签、无线传感器网络(WSN)和云计算提供实时、易于访问的信息,从而提高了冷链物流的效率,也提高了最终消费者的满意度[108]。

2. 国内生鲜农产品冷链物流研究现状及分析

随着冷链物流热潮的兴起,以及生鲜电商的发展,国内研究学者逐渐开始对生鲜农产品冷链物流的运行与发展进行研究分析,目前国内学者的研究主要集中于以下几个方面。

(1) 针对生鲜农产品冷链物流产品保鲜与安全的研究

郑先章等人提出将真空保鲜技术应用于农产品加工流通过程中,它包含了低温贮藏和真空快速冷却两种方法。低压贮藏的使用主要应用于新鲜蔬菜、水果、畜产品、家禽产品等,也包括部分产品的短期处理性贮藏。真空快冷的使用范围包括新鲜叶菜、组织多孔蔬菜的快冷处理,以及部分浆果和新鲜动物制品的快冷处理[109];李亚伶为了降低生鲜农产品的损失率,提出应从蔬菜等生鲜农产品的包装材料和包装方法入手,加大对相关产品的包装标准化研究[110]。

(2) 针对生鲜农产品冷链物流运输及产品质量的研究

左映平等人为了对冷链运输中的生鲜农产品进行有效把控,采用定性、定量相结合的方式,将生物散斑激光技术与 Fujii 法、绝对差分法等方法进行有效结合,为控制生鲜产品的质量安全提出了更有效的方法[111];丁燕等人通过实验证明,10 小时预冷后的农产品贮藏质量优于 20 小时预冷,有利于提高农产品运输率和减少相关损失[112];莫昌业等人开发了一个利用超光谱成像技术评估农产品质量的在线系统,设计了具有 400~1 000 nm 范围内的单可见近红外超光谱摄像头的在线评估系统,该系统可评估新鲜切生菜等农产品表面的质量,总体研究结果表明,在线超光谱成像系统有利于对农产品的质量做出评估[113]。

(3) 针对生鲜农产品冷链物流运输信息全流程追踪的研究

阿布都热合曼·卡的尔等人为了提高生鲜农产品的安全性及可追溯性,提出了一种基于区块链联盟链和智能合约高效执行业务交易的分布式方法,通过这种方法可有效实现生鲜冷链的全流程追溯及监控[114];马世榜对目前在鲜肉中进行无损检测的技术进行了概括性的比较与研究,分别概述了其应用原理与优劣势问题,包括如超声波技术等,研究结果表明,只有综合各项技术的优势才能在鲜肉产品的无损检测中发挥较好的作用[115];顾宇建立了以物联网为基础的鲜活农产品管理信息系统,提高了供应链整合水平,降低了供应链管理成本,提高了供应链效率[116];焦光源以新疆生鲜农产品中的肉类作为主要研究对象,提出了基于 Petri 网的可追溯系统,该系统的建立一方面增强了对于新疆肉类产品的质量安全全流程把控,另一方面也提高了肉类产品送到消费者手中时的质量与新鲜度[117]。

(4) 针对生鲜农产品冷链物流系统协同的研究

张智勇等人将农产品冷链物流作为研究对象,研究了基于多智能体系统环境下的冷链物流协调机制[118]。通过多智能体系统的应用,将庞大复杂的冷链物流系统划分为小而紧密联系的多个智能体,形成一个综合的物流系统,在现代冷链物流系统的基础上,提高了冷链产品的时序性,保护了冷链产品的质量。何旭东综合运用复杂网络、博弈论、生态学、系统协调优化理论等多学科理论知识,运用数学分析和系统模型构建等手段,对农产品冷链物流生态系统进行结构分析和运行机制研究;解释了冷链系统节点成员的微观行为与系统宏观结构演变之间的相互关系,揭示了冷链物流生态系统演化的复杂性,研究了系统协调机制对系统成员最佳决策的影响;全面协调优化了农产品冷链生态系统网络,最终提高了冷链系统的整体性能[119]。邓力等人建立了一个基于智能手机终端的冷链物流信息平台,主要包括订单协调、仓储管理、配送控制、电子商务交换、信息发布平台、财务管理、绩效管理、管理决策等功能模块。该信息平台实现了客户与物流企业的工作协调,引入了新鲜度维护系统理念,降低了冷链商品储存废弃率,解决了客户与物流供应商之间的信息共享问题[120]。张斌丽利用食品冷链物流系统信息熵定理组合理论,建立了食品冷链物流系统协调模型,提出了协调发展需求的食品冷链物流体系战略[121]。

总体而言,目前国内外学者对生鲜农产品冷链物流行业的研究主要集中在产品保鲜、质量安全、冷链成本控制、冷链运输效率的提升、冷链信息追踪及系统协同等方面,对于物流需求预测的研究相对较少,尤其是对于生鲜农产品冷链物流需求的预测研究就更少。随着冷链物流行业的不断发展,冷链技术、冷链设施也将会覆盖行业的全流程,对于冷链物流需求预测在行业资源调配中的作用也就更加明显[122-123]。

3.1.2 物流需求预测国内外研究现状及分析

1. 国外物流需求预测研究现状及分析

由于发达国家的物流起步相对较早,在物流方面的理论研究及实践经验相对较多,因而在物流需求预测方面的理论研究也相对完善。目前国外对于物流需求预测的方法主要包括单一预测及组合预测两种方法。

在单一模型进行物流需求预测方面,K. Alekseev 等人将人工神经网络的模型应用于航空运输[124];Vasilios Plakandaras 等人利用支持向量机等模型对美国航空、公路和火车运输需求进行预测,并根据预测结果得出短期运输需求受乘客偏好和燃油成本驱动,长远来看,宏观经济条件会影响航空运输需求的结论[125];Boutselis P 等人使用贝叶斯网络预测了不断变化的服务物流环境中的需求变动,并将模拟结果与各种预测进行比较,验证了模型的有效性[126];T. Y. Nguyen 选择了东南亚 21 个城市作为研究对象,使用 L-OD 物流需求预测方法预测了东南亚的物流需求,预测结果为东南亚未来物流发展规划提供了科学的数据支持[127]。

1969 年 J. M. Bates 等人首次提出,将两种无偏单项需求预测模型进行组合,组合模型得到的结果要优于其中任何一种单项模型,并根据结果证明了该项研究。此后,组合模型逐渐被运用到物流需求预测中。Rodrigo A. Garrido 等人将(MNP)组合模型应用到货物量需求预测中,并成功应用于大型卡车运输承运商提供的实际货运数据集,验证了模型的有效性[128];M. Sonmez 等人利用人工蜂群算法,综合使用了线性、指数和二次数学模型对土耳其 2014 年到 2034 年的 21 年间的运输需求进行预测,预测结果表明,到 2034 年,土耳其的运输需求将比 2013 年翻一番[129]。

2. 国内物流需求预测研究现状及分析

目前国内学者对于物流需求预测的方法主要包括传统的以统计学为基础的预测方法及相对现代的智能预测方法。

传统的预测方式是一种较早就已经应用起来的物流需求预测方法。这类方法以现代统计学理论为基础,建模也相对比较容易,且对模型的诠释能力较强,主要有单纯时间序列法、回归分析、数理统计等方法。刘翠翠、连博研、舒南等人分别利用时间序列法、多元线性回归分析及数理统计的方法对区域或国家的物流需求预测进行分析研究[130-132],虽然这些方法在一定程度上能够对物流需求做出研究,但由于这几种方法对于物流需求与非线性影响因素之间的关系不能做出较好的解释,故越来越多的能够较好地解释非线性变量的智能预测方法被运用到物流需求预测中。

随着我国现代智能物流控制系统理论、信息及其他计算机基础科学的快速进步和不断发展,智能物流预测处理技术和新方法被广泛应用于对实际物流运营需求的智能预测中,主要应用包括智能神经网络、灰色预测技术方法、支持向量机、贝叶斯法等。

在使用单一模型进行物流需求预测方面,后锐等人综合考虑一个区域的各项经济指标对于物流需求的影响,根据经济产业各项指标数据建立基于 MLP 神经网络的预测模型,为区域内物流资源的合理规划提出了一定的建议与指导[133];于博等人针对短期的物流需求预测问题建立了基于指数平滑法的预测模型,对云南省未来三年的物流需求进行预测,为物流企业的基础设施的合理调配提供数据支持[134];杨正毅从农村物流基本需求现状出发,对农村物流需求预测原理和农村物流需求预测相结合模型进行了探讨,并模拟了基于灰色神经网络模型的农村物流需求,验证了灰色神经网络模型对于农村物流需求预测的意义[135];李明书针对长春市邮政物流总量建立了基于 ARIMA 的时间序列模型,并根据模型预测结果对长春市城市配送中心的发展布局、配送车辆规划提出了建设性的意见[136]。

在使用组合模型进行物流需求预测方面,张仁萍在进行区域物流需求预测时,首先建立了灰色预测模型,并利用马尔可夫链模型对该模型的物流需求预测结果进行修正，成功提高了预测模型的准确度[137]；刘旭等人针对军事物流的特殊性，全面分析国内、国际影响因素，建立了基于自适应共振理论 ART2 模型与 BP 神经网络的组合模型，并将模型结果与单一神经网络模型做对比，结果表明，其所建立的组合模型有效[138]；李顺等人以宁波港口的物流需求为研究目标，建立了一种基于 GA－XG-Boost 的需求预测模型，预测结果表明，相对于单一模型，该组合模型的准确度更高[139]。

对于物流需求预测方面，国内的研究方法逐渐由定性分析向定量分析转变，且不仅仅局限于单一模型的选取，不同类型方法的组合模型已逐渐成为国内外学者对于物流需求预测的主要研究方法。

3.2 生鲜农产品冷链物流需求预测指标体系的构建

下面对影响冷链物流的关键因素进行分析，根据分析结果针对各影响因素建立生鲜冷链物流需求影响指标体系，并提出利用灰色关联法对指标体系进行优化。

3.2.1 需求影响因素分析

从供应商、生产商、分销商至最终的消费者，物流将供应链条上各环节的主体串联在一起，对于物流需求的影响因素也就更为复杂与多样。而对于生鲜农产品来说，由于生鲜农产品本身存在易腐蚀性，对其在物流运输中的要求与标准也就更为严苛。本章分别从经济整体发展水平、区域内产业结构情况、人口发展水平、市场贸易发展情况、社会固定资产投资、区域交通运输情况、生鲜农产品的产品供需及冷链物流发展情况对生鲜农产品的冷链物流需求的相关影响因素进行有针对性的具体分析。

1. 区域经济发展水平

区域经济发展水平一方面能够反映该地区整个经济运行状况，另一方面也能够反映出该地区的居民消费水平。当一个地区的经济发展到一定的高度，就意味着该区域对于市场物资的需求量也相对较高，对于物流服务的需求度也相对较高。此外，在经济发展水平高的地方，人们对于生活水平的要求也相对较高，在饮食方面，人们可能不仅仅追求于饮食的温饱，而更多关注的是食品的安全度、新鲜度、营养价值，因而在饮食比例中对于生鲜农产品冷链服务的需求也就相对更高。而在经济发展水平相对较差的地方，人们的人均可支配收入可能不足以支持大家追求更高质量的食品，满足温饱、价格低廉可能是大家更追求的食品要素,那么对于生鲜农产品冷链物流服务的需求也就相对更低。

2. 产业结构

除区域经济发展水平外,一个地区的产业发展结构也同样能够表现出该地区的经济发展状况。从整体上看,一般情况下,第一产业比重相对较高的地区,意味着该地区主要发展农业,像种植业、林业、牧业和渔业,该地区服务行业发展相对较差,那么意味着该地区对于物流行业的需求量也相对较低;而第三产业比重相对较高的地区,意味着该地区流通业及服务业发展水平相对较高,人们生活水平相较于其他区域也相对较好。在这样的区域,人们对于生活质量水平的要求也更高,流通服务业也就发展得更好。

从各产业部分来看,研究的对象是生鲜农产品的冷链物流需求,而生鲜农产品主要来源于第一产业农业,农业的生产一方面会影响生鲜农产品的产量,另一方面会影响生鲜农产品的价格,在市场其他因素不变的情况下,生鲜农产品产量越高,价格可能相对较低,反之价格则相对较高;冷链物流的运行离不开社会基础交通设施的建设,第二产业的发展水平越高,一定程度上意味着该地区公路、铁路等相关运输设施的配备也相对更加完善,有助于推动冷链物流服务的运行;第三产业主要分为流通和服务两大部分,冷链物流就是在流通行业的服务性产业,第三产业的发展有助于推动冷链物流服务行业在全社会的运行与进步。

3. 人口发展水平

生鲜农产品的最终消费者是人民,是冷链物流需求产生的最终决定者。区域的人口发展水平主要表现在地区的人口数量、居民的可支配收入、城镇化率等方面,人口发展水平越高,意味着该地区的人口数量相对较多,城镇化率相对更高,居民的消费水平整体较高,消费水平的不断提高推动着人们对于生活质量追求的提高,进一步有助于社会物流服务需求的增加及生鲜农产品物流质量的提高。

4. 社会固定资产投资

社会固定资产投资的主要含义是指以货币的形式来加以体现的、在一定经济阶段内、社会资产所有者用于建造和经营使用的固定资产所需要发生的实际工作量以及其他各种与此相关经济费用的实际投资量的总称[140]。针对生鲜农产品来说,政府及社会各界对于农林牧渔业的固定资产投资有助于推动农林牧渔业的基础设施、设备的建设,提高农林牧渔业的生产效率,推动区域内第一产业的发展,第一产业的发展对于生鲜农产品在市场中的价格、需求量都具有重要作用。

5. 区域交通运输情况

区域交通运输的情况主要包括一个国家或地区的交通营运情况及其货运能力，营运情况主要包括一个国家或地区的交通营运行驶里程数及其营运车辆的拥有量，营运行驶里程的数值一定意义上直接反映了一个国家或地区生鲜农产品冷链交通运输的发展情况，营运车辆的拥有量反映了一个国家或地区生鲜农产品冷链交通运输基础设施配备的情况。针对生鲜农产品的冷链运输在进行具体分析时更需要关注的是公路的营运里程数及公路的冷链营运车辆数，营运里程数越高，意味着该地区的物流运输需求更强；营运车辆数越多，意味着该地区冷链基础设施建设得越好，也能够在一定程度上反映出一个地区的物流需求水平。而货物运输能力则包括地方或国家所处区域内所要运输的货物总量和货物周转量。货物的总量就是指一定的时期内所运输的货物数量之和，而货物的周转量则是指在整个运输中实际交付的货物数量与货物的平均运输距离的乘积，货运量及货物的周转量都能够综合地反映出一定期间或者区域内全社会对于货物运输的要求。

6. 产品供需

在经济学之中的供需关系理论中已经提到，在一个具有竞争力的市场中，供给和商品需求的相对稀缺性，也就是供给和商品需求的多少，决定了一个商品的价格和生产率。生产的产品数量、生产的价格等因素都会直接影响供需基数的变化，生鲜农产品的供给是反映当地对冷链物流的需求基数变化，是冷链物流产生需求的动力源头。生鲜农产品的供给价格也直接影响了居民对于该类食品消费的需求量，由于目前针对不同品类的农产品没有统一的平均生产价格，本书在研究生鲜农产品供给价格时，是利用农产品生产价格指数来对生鲜农产品需求进行预测的。

7. 冷链运输情况

分析一个国家或者地区的物流行业发展情况，可以把物流的需求作为衡量标准，物流的需求和发展与物流产业的发展之间也有着密切的联系，生鲜农产品的冷链物流需求也正是如此。随着现代人们工作和生活品质的进步和提高，对于服务的专业化程度也有了更高的技术要求，同时由于市场竞争的日益剧烈，促使我国物流服务行业在其服务水平上仍然亟待给予更高的认识和重视，高效高质的冷链物流运输是生鲜农产品在市场流通过程中平稳运营的基础保障，冷链基础设施及设备的建设决定了冷链运输的流通率与损耗率，而冷链运输中的损耗率、流通率也决定了生鲜农产品的生产、销售者在市场中的供货比例，从而影响生鲜农产品在整个冷链物流运输中的需求量。

3.2.2　需求预测指标体系的构建

合理地进行生鲜农产品冷链物流需求预测的第一步就是要根据其影响因素来建立有效的相关的冷链物流需求预测指标体系,为了有效保证需求预测结果的准确性及合理性,需求预测指标的正确选择应当遵循以下的原则:

① 全面性原则。物流需求的影响因素涉及到社会经济发展的方方面面,为保证预测结果的合理性,指标的选取应尽可能考虑到冷链物流运行的全流程,且针对物流行业的相关指标应在数据可获得的情况下进行冷链物流需求预测。

② 相关性原则。在遵循全面性的基础上,指标的选取要保证每一项要与本书的研究对象——生鲜农产品冷链物流需求具有较高的相关度,只有预测指标与预测目标具有较高的相关度,需求预测模型才能呈现较高的预测精度。

③ 可量化性原则。在进行具体模型的需求预测时,为了能够较好地分析解释变量与被解释变量之间的关系,指标的选取要尽可能地选择目前的统计数据中明确有的或者通过某种方式能够进行量化的,要保证在实际模型运行过程中可以进行数据分析。

④ 连贯性原则。针对需求预测选取的相关指标应在若干年内,在统计数据中保持连续,保证预测对象的连贯性、可比较性。

1. 生鲜农产品冷链物流需求预测指标体系

根据各影响因素分析,结合全面性、相关性、可量化性及连贯性的原则,可以得到如表3.1所列的生鲜农产品冷链物流需求预测指标体系,共计20个具体指标。

2. 生鲜农产品冷链物流需求预测指标灰色关联度分析

根据生鲜农产品冷链物流需求的相关影响因素,本书在遵循指标选取的原则下确立了20个需求预测指标,但这20个指标与本书研究对象的相关密切程度还需要进一步进行分析,通过关联性分析结果,从中选取与冷链需求相关度相对较高的指标进行需求预测。

关联性分析方法就是以各个影响因素的发展状况和态势的相似性或者差别程度为基础,来衡量影响因素间的关联度。在众多基于灰色关联度的分析方法中,灰色关联度的分析方法主要是根据各个影响因素之间的几何曲线相似性和复杂程度等因素确定其相关性,它对于无规律的数据集同样适用[141]。针对生鲜农产品的冷链物流需求和各个影响指标之间的错综复杂关系,本书采用灰色关联法进行了关联性分析。

表 3.1 生鲜农产品冷链物流需求预测指标体系

研究目标	一级指标	二级指标
生鲜农产品冷链物流需求	经济整体发展水平	GDP
		交通运输、仓储、邮政业地区生产总值
		农、林、牧、渔业总产值
		社会消费品零售总额
	产业结构	第一产业产值
		第二产业产值
		第三产业产值
	人口发展水平	人口规模
		城镇化率
		人均可支配收入
	社会固定资产投资	农、林、牧、渔业固定资产投资
	区域交通运输情况	营运里程数
		货运量
		公路营运汽车拥有量
		货物周转量
	产品供需情况	生鲜农产品产量
		农产品生产价格指数
	冷链物流发展情况	冷库容量
		冷链物流损失率
		冷链物流流通率

结合本书的研究对象,该方法的具体计算步骤如下。

(1) 确定参考数列和比较数列

在本书中参考数列为生鲜农产品冷链物流需求量,比较数列是指影响冷链物流需求量的各个指标组成的数据序列。

(2) 对各变量进行无量纲化处理

由于各个影响指标其数据的量纲并不相同,例如在影响指标中,像营运里程数货运量的数值可能达到上万,而损耗率、流通率的数据可能只有个位数,对于数据直接进行关联度分析可能会导致结论有所偏差。因此在计算关联系数前,应首先对物流需求量及 20 个影响因素的具体数据进行无量纲化处理。

(3) 计算关联系数

对于一个参考数列物流需求量 χ_0 来说,有 20 个比较数列 $\chi_1,\chi_2,\cdots,\chi_{20}$,各指标与物流需求在每个指标每年的关联系数 $\xi_i(k)$ 可由下式计算得出。其中 ρ 为分辨系数,一般情况下在 0~1 之间,通常取 0.5。两级的最小差为 $\Delta_{\min}$,两级的最大差为 $\Delta_{\max}$。设 χ_0 为生鲜农产品的需求量参考数列,$\chi_1,\chi_2,\cdots,\chi_{20}$ 分别为各影响指标进行无量纲化处理后的数据列。关联系数公式如下:

$$\xi_i(k)=\frac{\Delta_{\min}+\rho\Delta_{\max}}{\Delta_{0i}(k)+\rho\Delta_{\max}} \tag{3.1}$$

式中,$\Delta_{0i}(k)$ 为比较数列 χ_i 曲线上的每一个点与参考数列 χ_0 曲线上的对应点的绝对差值。

(4) 求关联度 r_i

步骤(3)求得的关联系数是每个指标在每一年分别与物流需求量求得的关联系数,也就是说每个指标对应着每个关联系数值,为了得到各个指标与物流需求的整体相关水平,我们将每个指标对应的关联系数的平均值作为关联度的最终结果。关联度公式如下:

$$r_i=\frac{1}{N}\sum_{k=1}^{N}\xi_i(k) \tag{3.2}$$

式中,r_i 为比较数列 χ_i 对于参考数列 χ_0 的灰色关联度的值,根据计算结果,r_i 的值越接近 1,表明相关性越强;反之,则相关性越差。

(5) 关联度排序

若 r_i 的值大于 r_j,则表明 $\{\chi_i\}$ 对于同一参考序列 $\{\chi_0\}$ 的相关性优于 $\{\chi_j\}$,即 $\{\chi_i\}>\{\chi_j\}$。在本研究中,将 20 个指标对于生鲜农产品冷链物流需求量的关联度根据其值的大小进行排列,记作 $\{\chi\}$。

对于生鲜农产品冷链物流需求预测的各项指标,为避免影响模型精度,在后续的实证研究中利用灰色关联分析将关联度相对较低的指标进行剔除,确定最终的需求预测指标体系。

3.3 生鲜农产品冷链物流需求预测模型的构建

根据上述需求预测指标体系,选取主成分分析法对原有的指标数据进行降维,根据提取的主成分指标分别从非线性及线性的角度建立多元回归及 BP 神经网络模型需求预测模型,并以 Shapley 值法作为建立组合模型的权重确定法。

3.3.1 主成分分析的相关理论及步骤

主成分分析(Principal Component Analysis,PCA)是一种利用线性代数进行降维的工具,它能够在损失尽可能少的信息的前提下,把多个成分转化为几个综合成分[142]。在对生鲜农产品的冷链仓储和物流供应的需求情况进行预测时,构建的预测指标共有20个,这20个影响指标中可能存在着一定的相关性及数据冗余,在面对这种原始变量比较多的一些复杂问题时,该方法能够在避免原始信息被遗漏的必要条件下,提取出有用的信息,去除冗余的信息,简化这些模型的结构,减少因为原始变量之间的信息重叠而大大降低模型准确率的现象。

主成分分析法的步骤如图3.1所示。

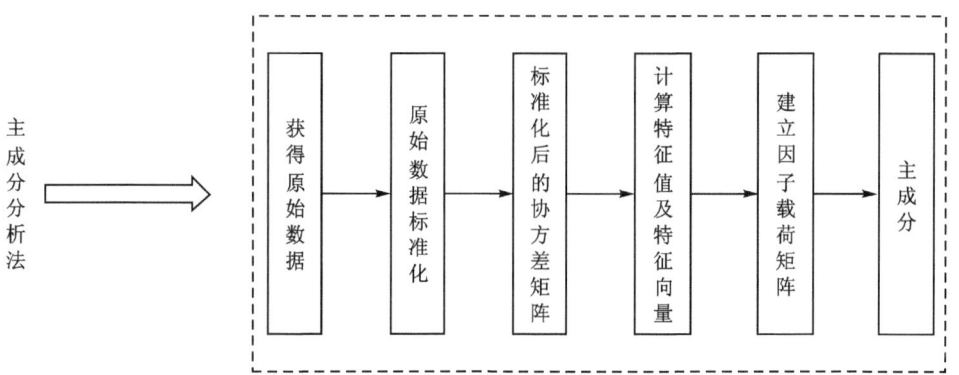

图3.1 主成分分析法的步骤

3.3.2 基于多元回归的冷链物流需求预测模型

1. 多元回归预测的相关理论

多元回归模型主要是研究一个解释性的变量与两个或两个以上被解释性变量之间的回归,也可以简称为多元线性回归,它研究的是一种现象随着两种或两种以上的现象而变化的问题。针对本书的研究对象冷链物流需求,作为研究的因变量与经济社会中各发展要素都存在着一定的关联关系,而且有时候受到这些影响的因素也难以准确地区分其中的主次;或者说,有些影响因素看起来比较次要,但它们的作用却无法被忽视,因而不能轻易舍去其中的某个相关因素。采用多元回归分析法能够较好地对解释变量与被解释变量之间的相关关系做出数据性的解释。

2. 多元回归预测的计量模型

多元回归需求预测的具体模型公式如下：
$$Y = \beta_0 + \beta_1 X_1 + \beta_2 X_2 + \cdots + \beta_n X_n + \varepsilon \tag{3.3}$$

该模型主要反映的是 Y 如何根据其影响指标 $X_1, X_2, \cdots, X_n$ 进行变化，Y 为本课题的研究对象，为生鲜农产品的冷链物流需求；$X_1, X_2, \cdots, X_n$ 为根据主成分分析提取的 20 个影响指标的主成分；n 为主成分提取的个数。β_0 是一个常数项，当 $X_1, X_2, \cdots, X_n$ 都为 0 时，这个常量就表示 Y 的值。β_n 是回归系数，如 β_1 所表示的是当 $X_1, X_2, \cdots, X_n$ 不变时，X_1 每增加一个单位对于 Y 的影响变化。ε 是误差项，即除 n 个自变量对数值 Y 影响后的随机误差，也称残差。此外，根据主成分分析法提取的各个主成分之间应不存在完全的多重共线性，即其中的一个主成分并不能用其他主成分的线性函数来表示，否则多元线性回归需求预测模型就会失效。

3. 多元回归模型的检验

为了验证所建立的多元回归需求预测模型的科学性与合理性，还需要进行拟合优度检验、显著性检验以及多元回归系数的显著性检验。

拟合度检验的是所有样本的观察值的拟合程度，即检验物流需求量 Y 与各主成分指标 $X_1, X_2, \cdots, X_n$ 之间的相关程度。可决系数也称判定系数 R^2 是用来判断回归方程拟合程度大小的值，它表示 X 与 Y 的回归关系可以解释全部偏差中百分之多少的偏差。R^2 的结果取值范围在 $[0,1]$ 之间，越接近 1，说明模型的拟合度越高，其计算公式如下式所示。以总离差平方的分解作为基础，总离差平方和 $\text{SST} = \text{SSR} + \text{SSE}$，其中 $\text{SST} = \sum^n (y_i - \bar{y})^2$，残差平方和 $\text{SSE} = \sum^n (y_i - \hat{y}_i)^2$，回归平方和 $\text{SSR} = \sum^n (\hat{y}_i - \bar{y})^2$，$\bar{y}$ 是样本均值，$\hat{y}$ 是估计值，判定系数 R^2 是回归平方和占总离差平方和的比例：

$$R^2 = \frac{\text{SSR}}{\text{SST}} = \frac{\sum\limits_{i=1}^{n}(\hat{y}_i - \overline{y})^2}{\sum\limits_{i=1}^{n}(y_i - \overline{y})^2} \tag{3.4}$$

回归方程的显著性检验，也称为 F 检验。它是针对回归方程进行的检验，检验多元线性回归方程中所有提出的主成分和物流需求之间线性关系的显著程度。首先要提出两个假设：H_0 假设和 H_1 假设。$H_0: \beta_0 = \beta_1 = \cdots = \beta_k = 0$，线性关系不显著。$H_1: \beta_1, \beta_2, \beta_k$ 至少有一个不等于 0。其计算公式如下：

$$F = \frac{\dfrac{\text{SSR}}{k}}{\dfrac{\text{SSE}}{n-k-1}} = \frac{\text{MSR}}{\text{MSE}} \longleftrightarrow F(k, n-k-1) \tag{3.5}$$

然后可以确定显著性水平 α，基于分子自由度以及分母自由度 $n-2$ 找出临界值 F_α，以此做出判断，如果 $F>F_\alpha$，则拒绝 H_0；如果 $F<F_\alpha$，则不能拒绝 H_0。

回归方程中各个系数的显著性检验为 t 检验。检验各主成分 X 对物流需求 Y 的影响程度的大小，从而确定所提取的各个主成分是否应该保留在线性回归方程中。同样先提出两个假设，H_0 假设和 H_1 假设。$H_0: \beta_i = 0$，即主成分 X_i 与物流需求没有线性关系。$H_1: \beta_i \neq 0$，即主成分 X_i 与物流需求 Y 有线性关系。若 $|t|>t_{\frac{\alpha}{2}}$，拒绝 H_0，表明该主成分是影响物流需求的一个显著因素；若 $|t|<t_{\frac{\alpha}{2}}$，则不能拒绝 H_0。

综上所述，生鲜农产品冷链物流需求规模预测系统中，物流需求规模的大小很有可能会受一种或几种其他因素的影响，回归模型作为一种比较经典的预测模型，可以很直观地看出这些自变量如何对因变量物流需求规模产生相应的影响。在进行研究之初，并不能直观确切地确定哪些指标更有效地适合于预测，因此，在遵循指标确定原则的基础上，应尽可能全面地确定需求预测的指标。在多元回归实际进行预测时，可以分别进行输入性回归及逐步回归，逐步回归可以用来消除指标之间可能存在的多重共线性问题，从而得出最优的预测模型。

3.3.3　主成分分析 BP 神经网络预测模型

BP 神经网络的原理是通过对于样本数据的训练学习，探究发现其输入层和输出层存在的某种关系，从而完成一个 n 维到 m 维的映射关系[143]。针对本问题，BP 神经网络中的输入层为根据所建立的指标体系通过灰色关联分析、主成分分析所得出的各个主成分指标，输出层为生鲜农产品冷链物流需求量。

BP 神经网络由输入层、隐藏层、输出层三部分构成，其主要包括正向传播及反向误差传播两部分。正向传播的过程从输入层的神经元接收到根据生鲜农产品冷链物流需求指标提取的主成分开始，然后输入层的神经元将各个主成分的信息传递给隐藏层；隐藏层对接收到的主成分信息通过处理传递给输出层，即对于生鲜农产品冷链物流需求的预测值，通过对预测值及实际值进行误差分析，若误差没有达到期望值，则进行反向误差传播。反向误差传播从输出层的物流需求量到隐藏层再到输入层的主成分指标，根据正向传播中的误差最小的权值及阈值重新对网络进行训练，直至冷链物流需求预测值和实际值的误差达到期望值。

正向传播的具体计算公式如式(3.6)及式(3.7)所示[143]，其中 H_j 为隐含层输出，O_k 为预测输出，w_{ij} 和 w_{jk} 为权值，a_j 和 b_k 为阈值，f 为隐含层激励函数，激励函数 PURELIN 的具体公式如下：

$$H_j = f\left(\sum_{i=1}^n w_{ij} x_i - a_j\right) \tag{3.6}$$

$$O_k = \sum_{j=1}^l H_j w_{jk} - b_k \tag{3.7}$$

$$f(x) = \frac{2}{1+e^{-2x}} - 1 \tag{3.8}$$

误差反向传播中更新阈值及权值的具体计算公式如以下四式所示，其中 e_k 为预测误差，η 为学习率。

$$w_{ij} = w_{ij} + \eta H_j(1-H_j)x(i)\sum_{k=1}^{m}w_{jk}e_k \tag{3.9}$$

$$w_{jk} = w_{jk} + \eta H_j e_k \tag{3.10}$$

$$a_j = a_j + \eta H_j(1-H_j)\sum_{k=1}^{m}w_{jk}e_k \tag{3.11}$$

$$b_k = b_k + e_k \tag{3.12}$$

根据以上对于神经网络的相关介绍可知，BP神经网络一个突出的优势是它具有很强的非线性映射能力，信号正向传播和误差反向传播的权值较高，以逼近预测期望值，这个特征使得其中的神经网络模型在对物流需求的预测领域有着其他一般方法不能比拟的优点，其主要的特征包括：非线性映射的特征、泛化性特征、记忆特征和容错性。

① 非线性映射能力强。神经网络算法相对于多元回归算法来说能够较好地解释解释变量与被解释变量之间非线性的数量关系。而生鲜农产品冷链物流需求及其影响因素之间的关系非常复杂，各变量与物流需求之间的相关关系可能存在线性关系，也可能存在非线性相关关系，仅利用多元回归可能无法较好地解释非线性的变量关系，通过具有非线性映射能力的神经网络函数可以更加有效地解决这类问题。

② 泛化能力较好。神经网络具有较好的泛化能力，即训练好的网络对于新数据也能够达到较好的应用效果、较高的模型精度，减少了研究工作的重复性，提高了预测工作的效率。

③ 网络记忆能力好。在模型运行过程中，当输入新的运算数据时，神经网络可以优先匹配已保存好的在进行需求预测中表现结果相对较好的权值，从而减少了冗杂重复的数据训练过程，加快需求预测的进度。

④ 容错能力较好。神经网络的容错能力是指，在模型进行训练或预测时，即使输入或输出变量中存在有部分缺失或数据收集统计上的误差，也不会对模型的预测结果产生较大的影响。这是因为模型在进行权值调整时，主要依据的是所有的样本数据特征，不会因为个别误差对最终结果产生较大的影响。

通过以上对BP神经网络的相关优势及特征分析可知，针对生鲜农产品冷链物流与各影响因素之间相对复杂的线性与非线性关系，BP神经网络能够较好地处理各影响因素与冷链物流需求之间的相关关系。本书选用BP神经网络对生鲜农产品冷链物流需求进行预测。

3.3.4 基于 Shapley 值法的组合需求预测模型的建立

针对冷链物流需求预测的问题来说,目前从传统统计学方法到智能理论方法,每一种单一的需求预测模型都存在着其各自的优势与劣势,而组合模型可以综合不同模型的优势,有效提高需求预测的准确度。目前组合预测的方法主要包括线性及非线性组合方法,本书选取线性组合的预测方式对多元线性回归模型及 BP 神经网络模型进行组合,线性组合方式的原理就是根据每个单一预测模型的模型精度对其进行权重赋值,模型精度高的其权重就高;模型精度低的,其权重就低。本书采取两种预测方法进行组合,组合预测模型如下:

$$Y = \sum_{i=1}^{n} \lambda_i Y_{it}, \quad i = 1, 2 \tag{3.13}$$

式中 Y_t——在 t 时刻的组合预测值;

λ_i——第 i 种方法的权重系数,$\sum_{i=1}^{n} \lambda_i = 1$;

Y_{it}——第 i 种方法在 t 时刻的预测值。

第 i 种方法的预测结果的绝对误差平均值为

$$E_i = \frac{1}{m} \sum_{j=1}^{m} |e_{ij}| \tag{3.14}$$

式中 m——样本空间;

e_{ij}——第 i 种方法在 j 时的误差值。

该组合预测误差的平均值为

$$E = \frac{1}{n} \sum_{i=1}^{n} E_i, \quad i = 1, 2, \cdots, n \tag{3.15}$$

由此可见,组合预测模型最终的精度大小取决于各单一模型权重比例的分配,目前各行业学者对于权重赋值主要运用的是等权重法、方差倒数法、标准差法、根据有效度确定权重法等。本书选取 Shapley 值法来确定权值。

Shapley 值法是一种运用于经济学中,主要解决利益分配问题的方法,它由美国学者 Lloyd S. Shapley 提出,常被运用于博弈论中[144]。其基本思想是,对于 M 个合作者,对于不同的组合合作形式 C 对应的贡献函数 Y,得出最优的成本分摊方案。其中的每一个合作者所能得到的利润分配等于它所参与的联盟的边际期望贡献值。

针对本研究中的组合预测问题,每一个单一模型就是一个合作者,对每一个单一模型在组合模型中所要赋予的权重就是其应得到的利润,组合预测模型就是利用 Shapley 值法为每一个单一预测模型赋予合适的权重,从而使组合预测模型最后的精度最高,得到最好的预测结果。

本章有两种单项预测模型,记为 $C=\{1,2\}$,I 的子集分别 $A=\{1\}$,$B=\{1\}$,$C=\{1,2\}$。以子集 A 和 B 为例,$E(A)$ 和 $E(B)$ 分别表示组合 A 和组合 B 的误差,而对于子集 A 和 B 来说,有 $E(A)+E(B) \geqslant E\{A \cup B\}$,其中 $E(A)$、$E(B)$、$E\{A \cup B\}$ 为各自的误差。若 $A \subseteq I$,$i \subseteq A$,y_i 为第 i 种单项预测方法和预测中所分担的误差值,则有 $\sum_{i \in A} y_i \leqslant E(A)$,组合预测总的误差为两种单项预测误差的总和,误差分配公式如下[145]:

$$E'_i = \sum_{s \subseteq s_i} w(|s|) [E(s) - E(s \setminus i)], \quad i=1,2 \tag{3.16}$$

$$w(|s|) = \frac{(n-|s|)!\,(|s|)-1}{n!} \tag{3.17}$$

式中 $w(|s|)$——组合中成员 i 所承担的组合边际贡献;

i——第 i 种预测模型;

E'_i——第 i 种预测模型所分担的误差值;

s——包含预测模型 i 的组合;

$|s|$——组合中单项预测模型的个数;

$s \setminus i$——组合中排除模型 i;

n——组合中预测模型的总个数。

权数的计算公式为

$$\lambda_i = \frac{1}{n-1} \cdot \frac{E-E'_i}{E} \tag{3.18}$$

3.4 北京市生鲜农产品冷链物流需求预测实证研究

以北京市影响冷链物流需求的各项指标及物流需求量的数据进行实证研究,分别完成基于两个单一模型的北京市生鲜农产品冷链物流需求预测及基于 Shapley 值法的北京市组合需求预测模型的构建,根据模型误差结果验证所建立组合模型的有效性。

3.4.1 北京市生鲜农产品冷链物流发展情况及问题分析

① 生鲜农产品供需不平衡,外省市向北京保持供应亟需完备的冷链物流基础设施建设。如图 3.2 所示,2017—2019 年北京人均消费支出及人均生鲜农产品消费量均呈现逐步上升的趋势。但北京市的生鲜农产品的生产量却在逐年递减,如图 3.3 所示,北京市生鲜农产品产量已由 2015 年的 456.1 万吨降至 2019 年的 255.4 万吨,

北京市的生鲜特色农产品的年生产量并不能完全满足市民的实际需要,必须从国内其他省市采购。在京津冀一体化的发展趋势下,北京市的生鲜农产品供应主要来自于河北省,而河北省生鲜农产品在足够满足本省人的需求下,为了解决市场饱和的问题,就需要面向本省以外的省市进行销售,而北京就是其最近也是最大的销售区域。因此,完善的冷链物流运输与仓储建设体系能够有效地保障北京市和河北省的经济与生鲜农产品发展平衡。

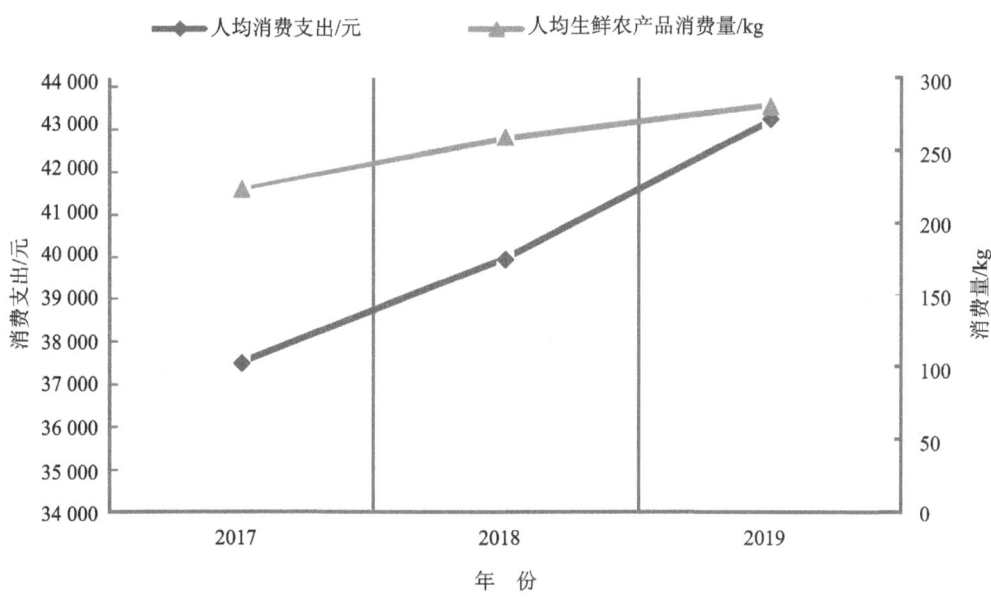

图 3.2 北京市 2017—2019 年人均消费支出及生鲜农产品人均消费量

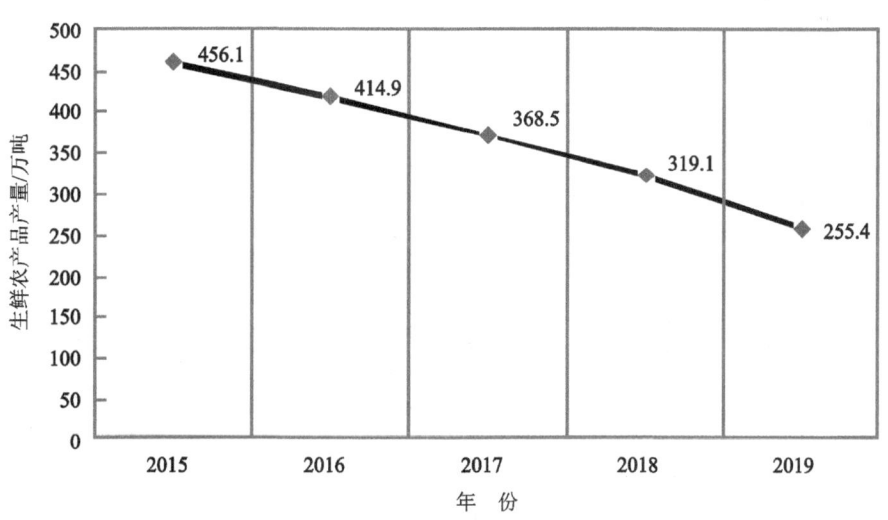

图 3.3 北京市 2015—2019 年生鲜农产品产量

② 冷链企业、冷库数量、冷藏车等基础设施建设不断扩充,但人均保有量较低。如表 3.2 所列,2017—2020 年北京市冷链企业数量、冷库容量均呈现逐渐增长的趋势,其中冷库容量在 2020 年有明显提升,较上年增长了 18.8%。冷链基础设施的逐渐完善为北京市冷链物流的发展提供了更多发展机遇与更广阔的发展前景[146]。虽然冷库的总容量在不断增加,但不可忽视的是北京市的人均冷库容量截至 2019 年底仅人均 0.013 m³[147],而发达国家如新西兰、美国、加拿大等人均冷库容量则分别有 0.503、0.49、0.316 m³,是北京市的 25~40 倍。相较于发达国家,北京市的冷库容量建设还任重而道远[148]。

表 3.2　北京市 2017—2020 年冷链企业及冷链基础设施发展情况

年　份	冷链企业数量/个	冷库容量/吨	冷藏车数量/辆
2017	72	1 601 465	2 751
2018	64	1 634 718	2 670
2019	62	1 759 655	5 434
2020	73	2 089 708	3 835

冷藏车数量在 2017—2019 年均呈现增长趋势,且 2019 年冷藏车数量较 2018 年增长超 100%,冷藏车运输发展迅速。2020 年北京市受疫情影响,冷藏车数量有所下降。图 3.4 是 2020 年前 10 个月全国冷藏车销量前 10 名区域市场份额。统计结果表明,尽管 2020 年北京市冷藏车整体数量有所下降,但相较于全国来说,北京市在全国范围内仍是冷链物流运输发展的广阔市场。虽然冷藏车整体发展趋势向好,但与发达国家相比,冷藏车的人均配有量仍有一定差距,在美国和日本,平均约每 500 人配就有 1 辆冷藏车,而在北京市平均约每 5 000 人才配有 1 辆冷藏车[149]。

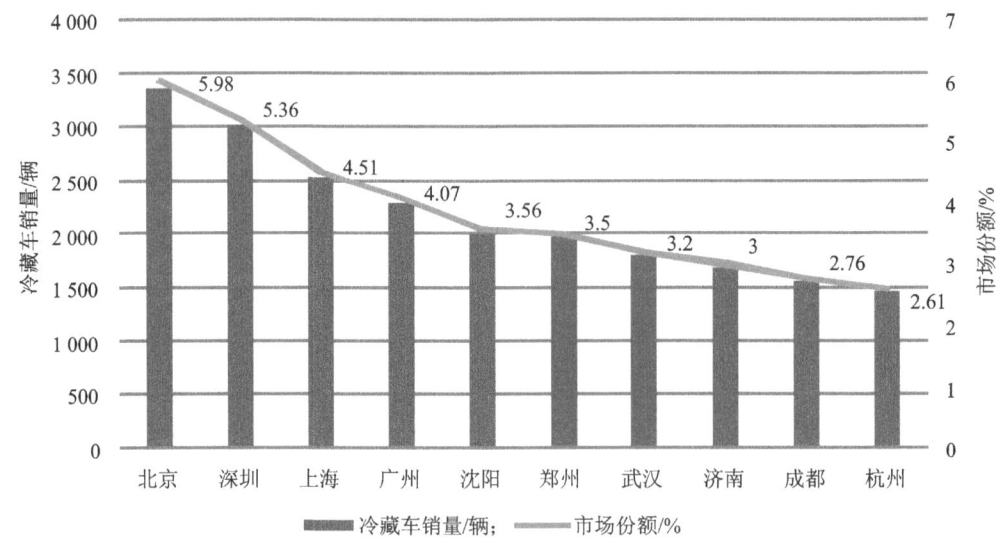

图 3.4　2020 年前 10 个月冷藏车销量前 10 名区域市场份额

③ 北京交通运输的管制、货运车辆数量的减少、冷链物流的流通率低,降低了配送的效率。在经济及一体化的发展趋势下,北京和河北已经建设了完善的冷链物流运输网络,但在北京的交通管制下,河北的货物运输车辆只有办理进京证才能正常进京,且在白天北京城内并不允许货运车辆进入。这就导致一方面生鲜农产品从京外运输进京的流程繁琐,花费大量的时间与精力,使得生鲜产品在路途中耽搁太久,运输产品大量损坏,成本也有所增加;另一方面,由于北京的限行政策,目前有很多生鲜产品使用普通货运车辆进行配送,从而使得产品在最终到达消费者的手中时,其新鲜度、质量安全度都有所下降。截至 2019 年底,北京地区的公路货运车辆拥有量为 8.56 万辆,比 2016 年的 18.11 万辆下降了 52.7%,而且针对生鲜农产品的冷链运输率不到 20%,普通货运车的运输使得运输中的腐坏率有所增加[150]。

④ 2020 年 12 月 1 日发布的《北京物流发展规划》指出,到 2035 年,北京的冷链流通率要争取超过 80%。在现有 4 个物流基地的基础上新增昌平南口和房山窦店 2 个物流基地,全市布局约 46 个配送中心,其中包括 17 个生鲜冷链配送中心。在昌平回龙观、顺义、延庆、怀柔、门头沟各规划了生鲜冷链配送中心一处,进一步完善通州马驹桥物流基地的口岸、冷链、终端配送的功能,减少商品的加工与转运环节,降低人力、物料消耗,增强信息化、标准化、智能化设备与管理在物流服务中的作用[151]。在政策的支撑下,北京市未来冷链物流的建设将会不断完善,而如何能有效地依托政策、合理规划资金支持,推动北京市的冷链物流发展,也必将成为一个关键的研究课题。

综上所述,北京市未来生鲜农产品冷链物流的发展存在着机遇,也存在着一定的挑战。本书构建的生鲜农产品冷链物流需求预测,旨在为区域性的生鲜农产品冷链物流发展规划的制定、区域冷链物流基础设施投资方向的确定提供必要的数据支持。

3.4.2 数据来源及数据处理

针对北京市关于生鲜农产品影响因素指标选取、区域经济发展水平、产业结构、人口发展水平、社会固定资产投入、区域交通运输状况下的各项指标数据主要来自于《北京统计年鉴 2000—2020》[152]、《数说北京——改革开放三十年》[153]和《中国统计年鉴》[154],冷链运输情况下指标的数据主要来自于《中国冷链物流发展报告》[155]及相关研究文献。

由于我国物流研究起步相对较晚,尤其是针对冷链物流行业的数据统计工作开始得也相对较晚,关于冷链物流的部分数据也较难获得,例如冷链物流基础设施建设中冷藏车的数据统计并没有完整的统计结果,且较早期的数据也都缺失,因而在对北京市生鲜农产品冷链物流进行分析时,对于冷藏车不做具体研究指标设定。此外,根据相关文献研究结果,北京市冷链物流流通率及冷库容量数据在2000—2004年存在缺失,鉴于冷链物流流通率及冷库容量与冷链物流损耗率的相关性,本书利用曲线回归的方法对其中的缺失值进行补充。

以人口数量×人均生鲜农产品消费量的结果作为生鲜农产品冷链物流的需求量,其中人均生鲜农产品消费量为人均年水果、蔬菜、肉禽、蛋奶及水产品的消费量之和,需求预测指标中生鲜农产品产量的数据同样根据北京统计年鉴中水果、蔬菜、肉禽、蛋奶及水产品的生产量之和得出。由于目前北京市的冷链运输主要以公路为主,因此指标中的货运量与货物周转量均选择公路的具体数据。各指标的定义如下,具体数据如表3.3所列。

表3.3 指标数据表

年 份	Y	X_1	X_2	X_3	X_4	X_5	X_6	X_7	X_8	X_9
2001	390.61	3 161.70	213.50	188.6	79.30	1 033.30	2 049.10	1 363.60	77.54	471.4
2002	418.92	3 708.00	227.60	202.2	80.80	1 142.40	2 484.80	1 385.10	78.10	528.7
2003	435.96	4 315.00	249.20	213.5	82.40	1 250.00	2 982.60	1 423.20	78.60	540.2
2004	455.34	5 007.00	271.10	224.7	84.10	1 487.20	3 435.90	1 456.40	79.10	596.4
2005	472.12	6 033.20	303.40	234.9	87.40	1 853.60	4 092.20	1 492.70	79.50	644.9
2006	504.31	6 969.50	333.90	239.3	88.70	2 026.50	4 854.30	1 538.00	83.60	751
2007	537.67	8 117.80	373.50	240.2	88.80	2 191.40	5 837.60	1 601.00	84.30	818.8
2008	570.40	9 846.80	412.50	272.3	101.30	2 509.40	7 236.10	1 676.00	84.50	940.4
2009	617.31	11 115.00	408.40	303.9	112.80	2 626.40	8 375.80	1 771.00	84.90	1 073.3
2010	651.21	12 153.00	449.20	315	118.30	2 855.50	9 179.20	1 860.00	85.00	1201
2011	663.24	14 113.60	570.40	328	124.40	3 388.40	10 600.80	1 961.90	86.00	1 354.7
2012	693.07	16 251.90	637.50	363.1	136.30	3 752.50	12 363.10	2 018.40	86.20	1 636.6
2013	718.92	17 801.02	635.50	395.7	150.20	4 058.30	13 592.40	2 069.30	86.20	1 759.9
2014	744.79	19 500.60	670.60	421.8	161.80	4 352.30	14 986.50	2 114.80	86.30	1 804.7
2015	765.20	21 330.83	724.80	420.1	158.99	4 544.80	16 627.04	2 151.60	86.35	1 860.5
2016	793.67	23 014.59	739.80	368.2	140.21	4 542.64	18 331.74	2 171.00	86.50	1 967.3
2017	816.34	25 669.13	790.80	338.1	129.79	4 944.44	20 594.90	2 173.00	86.50	2 296.7
2018	850.61	28 014.94	901.00	308.3	120.42	5 326.76	22 567.76	2 171.00	86.50	2 489.3
2019	867.58	33 105.97	1 015.90	296.8	120.56	5 477.35	27 508.06	2 154.20	86.50	2 586.3

续表 3.3

年份	Y	X_{10}	X_{11}	X_{12}	X_{13}	X_{14}	X_{15}	X_{16}	X_{17}	X_{18}	X_{19}	X_{20}
2001	390.61	471.4	3.6	13 600.00	28 010.00	82.60	7.94	660.00	95.00	—	57.20	—
2002	418.92	528.7	1.9	13 891.00	28 007.00	82.60	9.43	710.30	102.00	—	55.00	—
2003	435.96	540.2	2.2	14 359.00	28 375.00	83.60	10.56	752.50	92.40	—	52.80	—
2004	455.34	596.4	2.3	14 453.00	28 361.00	79.00	11.97	746.10	102.50	—	50.60	—
2005	472.12	644.9	9	14 630.00	29 256.00	82.30	12.03	712.30	106.20	—	48.40	—
2006	504.31	751	14.2	14 696.00	30 050.00	85.50	12.92	632.20	102.90	4.57	46.20	30.86
2007	537.67	818.8	16.6	20 503.00	30 953.00	88.60	16.7	579.20	99.10	4.61	45.60	37.36
2008	570.40	940.4	19.2	20 754.00	17 872.00	79.30	13.78	584.00	114.40	5.05	42.30	47.91
2009	617.31	1 073.3	28.1	20 340.00	18 689.00	84.10	15.09	563.70	112.30	5.19	40.00	48.01
2010	651.21	1 201	54.5	20 755.00	18 753.00	87.90	17.96	565.00	98.30	6.27	35.70	49.96
2011	663.24	1 354.7	40.4	21 114.00	20 184.00	101.60	15.75	541.40	106.50	8.01	33.60	53.99
2012	693.07	1 636.6	40.6	21 374.00	23 276.00	132.30	18.6	535.80	110.70	8.15	32.30	61.60
2013	718.92	1 759.9	138	21 492.00	24 925.00	139.80	21.28	515.00	104.73	8.78	31.00	71.89
2014	744.79	1 804.7	173.4	21 673.00	24 651.00	156.19	24.11	495.10	104.70	9.21	28.90	93.91
2015	765.20	1 860.5	160.6	21 849.00	25 416.00	165.19	26.1	456.10	99.70	10.12	28.00	110.91
2016	793.67	1 967.3	109.4	21 885.00	19 044.00	156.36	25.08	414.90	99.80	10.97	24.30	125.18
2017	816.34	2 296.7	103.1	22 026.00	19 972.00	161.32	25.09	368.50	99.70	11.04	23.80	144.00
2018	850.61	2 489.3	96.6	22 226.00	19 374.00	159.24	25.92	319.10	96.20	13.22	23.10	160.00
2019	867.58	2 586.3	105.5	22 256.00	20 278.00	167.41	24.39	255.40	103.60	15.60	22.10	163.00

其中 Y——北京市生鲜冷链物流需求量(万吨);

X_1——地区生产总值(亿元);

X_2——交通运输、仓储、邮政业地区生产总值(亿元);

X_3——农、林、牧、渔业总产值(亿元);

X_4——第一产业产值(亿元);

X_5——第二产业产值(亿元);

X_6——第三产业产值(亿元);

X_7——人口规模(万人);

X_8——城镇化率(%);

X_9——人均可支配收入(元);

X_{10}——社会消费品零售总额(吃类商品)(亿元);

X_{11}——农、林、牧、渔业固定资产投资(亿元)

X_{12}——营运里程数(公路)(公里);

X_{13}——货运量(公路)(万吨);

X_{14}——货物周转量(亿吨/公里);

X_{15}——公路营运汽车(载货汽车)拥有量(万辆);

X_{16}——生鲜农产品(蔬菜、水果、肉禽、蛋奶、水产品)年产量(万吨);

X_{17}——农产品生产价格指数;

X_{18}——冷链物流流通率(%);

X_{19}——冷链物流损失率(%);

X_{20}——冷库容量(万吨)。

生鲜农产品属于吃类产品,因而社会消费品零售总额具体为吃类商品零售总额[154];北京市冷链物流运输主要依靠公路,因此营运里程数、货运量及货物周转量均使用公路的相关数据。

1. 灰色关联度分析

首先利用灰色关联分析法计算20个指标与生鲜农产品冷链物流需求的关联度,关联度计算结果如表3.4所列,对关联度进行排序得到

$X_7 > X_{15} > X_9 > X_{10} > X_3 > X_{16} > X_2 > X_{17} > X_{20} > X_{18} > X_4 > X_1 >$
$X_{13} > X_6 > X_8 > X_{11} > X_{14} > X_5 > X_{19} > X_{12}$

表3.4 生鲜农产品冷链物流需求与影响指标关联度

评价项	关联度	排名
地区生产总值/亿元	0.789	12
交通运输、仓储、邮政业地区生产总值/亿元	0.821	7
农、林、牧、渔业总产值/亿元	0.842	5
第一产业产值/亿元	0.796	11
第二产业产值/亿元	0.601	18
第三产业产值/亿元	0.78	14
人口规模(年末人口)/万人	0.941	1
城镇化率/%	0.756	15
人均可支配收入/元	0.877	3
社会消费品零售总额(吃类商品)/亿元	0.85	4

续表 3.4

评价项	关联度	排名
农、林、牧、渔业固定资产投资/亿元	0.711	16
营运里程数(公路)/公里	0.5	20
货运量(公路)/万吨	0.787	13
货物周转量/(亿吨·公里$^{-1}$)	0.639	17
公路营运汽车(载货汽车)拥有量/万辆	0.88	2
生鲜农产品年产量/万吨	0.83	6
农产品生产价格指数/%	0.807	8
冷链物流流通率/%	0.8	10
冷链物流损失率/%	0.509	19
冷库容量/万吨	0.8	9

表 3.4 中关联度小于 0.6 的有两个，分别为 X_{12}（营运里程数）、X_{19}（冷链物流损失率），这两项指标与 Y（生鲜农产品冷链物流需求量）的关联度均小于 0.6，在后续的需求预测中将这两项指标剔除，最终确定进行需求预测的指标共 18 个，如表 3.5 所列。

表 3.5 基于灰色关联分析的生鲜农产品冷链物流需求预测指标

Y	X_1	X_2	X_3	X_4	X_5	X_6	X_7	X_8	X_9	X_{10}	X_{11}	X_{13}	X_{14}	X_{15}	X_{16}	X_{17}	X_{18}
生鲜农产品冷链物流需求量	地区生产总值	交通运输、仓储、邮政业地区生产总值	农、林、牧、渔业总产值	第一产业产值	第二产业产值	第三产业产值	人口规模	城镇化率	人均可支配收入	社会消费品零售总额	农、林、牧、渔业固定资产投资	货运量	货物周转量	公路营运汽车拥有量	生鲜农产品年产量	农产品生产价格指数	冷链物流流通率	冷库容量

2. 主成分分析

为了避免各数据之间量纲的不同对模型精度产生影响,首先对这18个指标进行标准化处理。归一化结果如表3.6所列(限于格式,在此处仅保留两位小数)。

表3.6 生鲜农产品物流需求预测指标归一化

Y	X_1	X_2	X_3	X_4	X_5	X_6	X_7	X_8	X_9	X_{10}	X_{11}	X_{12}	X_{13}	X_{14}	X_{15}	X_{16}	X_{17}	X_{18}
0.00	0.00	0.00	0.00	0.00	0.00	0.00	0.00	0.00	0.00	0.00	0.01	0.78	0.04	0.00	0.81	0.12	0.00	0.00
0.06	0.02	0.02	0.06	0.02	0.02	0.02	0.03	0.06	0.02	0.03	0.00	0.77	0.04	0.08	0.92	0.44	0.02	0.02
0.10	0.04	0.04	0.11	0.04	0.05	0.04	0.07	0.12	0.04	0.03	0.00	0.80	0.05	0.14	1.00	0.00	0.04	0.03
0.14	0.06	0.07	0.15	0.06	0.10	0.05	0.11	0.17	0.06	0.06	0.00	0.80	0.00	0.22	0.99	0.46	0.07	0.05
0.17	0.10	0.11	0.20	0.10	0.18	0.08	0.16	0.22	0.10	0.08	0.04	0.87	0.04	0.23	0.92	0.63	0.10	0.08
0.24	0.13	0.15	0.22	0.11	0.22	0.11	0.22	0.68	0.14	0.13	0.07	0.93	0.07	0.27	0.76	0.48	0.16	0.11
0.31	0.17	0.20	0.22	0.12	0.26	0.15	0.29	0.75	0.19	0.16	0.09	1.00	0.11	0.48	0.65	0.30	0.16	0.15
0.38	0.22	0.25	0.36	0.27	0.33	0.20	0.39	0.78	0.23	0.22	0.10	0.00	0.32	0.66	1.00	0.19	0.22
0.48	0.27	0.24	0.49	0.41	0.36	0.25	0.50	0.82	0.28	0.28	0.15	0.06	0.06	0.39	0.62	0.90	0.20	0.22
0.55	0.30	0.29	0.54	0.47	0.41	0.28	0.61	0.83	0.33	0.34	0.31	0.07	0.10	0.55	0.62	0.27	0.29	0.24
0.57	0.37	0.44	0.60	0.55	0.53	0.34	0.74	0.94	0.38	0.42	0.22	0.18	0.26	0.43	0.58	0.64	0.42	0.26
0.63	0.44	0.53	0.75	0.69	0.61	0.41	0.81	0.97	0.45	0.55	0.23	0.41	0.60	0.59	0.56	0.83	0.43	0.31
0.69	0.49	0.53	0.89	0.86	0.68	0.45	0.87	0.97	0.52	0.61	0.79	0.54	0.69	0.73	0.52	0.56	0.48	0.38
0.74	0.55	0.57	1.00	1.00	0.75	0.51	0.93	0.98	0.59	0.63	1.00	0.52	0.87	0.89	0.48	0.56	0.51	0.53
0.79	0.61	0.64	0.99	0.97	0.79	0.57	0.97	0.98	0.66	0.66	0.93	0.58	0.97	1.00	0.40	0.33	0.58	0.65
0.85	0.66	0.66	0.77	0.74	0.79	0.64	1.00	1.00	0.74	0.71	0.63	0.09	0.88	0.94	0.32	0.34	0.65	0.74
0.89	0.75	0.72	0.64	0.61	0.88	0.73	1.00	1.00	0.81	0.86	0.59	0.16	0.93	0.94	0.23	0.33	0.65	0.87
0.96	0.83	0.86	0.51	0.50	0.97	0.81	1.00	1.00	0.90	0.95	0.55	0.11	0.91	0.99	0.13	0.17	0.82	0.98
1.00	1.00	1.00	0.46	0.50	1.00	1.00	0.98	1.00	1.00	1.00	0.60	0.18	1.00	0.91	0.00	0.51	1.00	1.00

如表3.7所列,根据相关性分析结果,X_{16}(农产品生产价格指数)与其他17项指标的相关系数均值小于0.3,即农产品生产价格指数与其他17个变量弱相关,因此在后续的需求预测分析时,将X_{16}(农产品生产价格指数)单一指标作为各预测模型的输入。

表 3.7　农产品生产价格指数与各指标的相关性

指　标	皮尔逊相关性	Sig.（双尾）	个案数
X_1	−0.004	0.987	19
X_2	0.028	0.911	19
X_3	0.233	0.336	19
X_4	0.186	0.447	19
X_5	0.061	0.804	19
X_6	−0.018	0.943	19
X_7	0.106	0.667	19
X_8	0.295	0.220	19
X_9	−0.025	0.919	19
X_{10}	−0.054	0.825	19
X_{11}	0.001	0.998	19
X_{12}	−0.325	0.174	19
X_{13}	−0.119	0.628	19
X_{14}	−0.047	0.848	19
X_{15}	−0.001	0.996	19
X_{16}	1	—	19
X_{17}	−0.016	0.948	19
X_{18}	−0.102	0.678	19

本书利用统计软件 IBM SPSS Statistics 25 对除 X_{17} 外的 $X_1 \sim X_{18}$ 指标进行主成分分析，得到的描述性统计数据如表 3.8 所列。

表 3.8　KMO 和 Bartlett 的检验

KMO 取样适切性量数		0.791
Bartlett 球形度检验	近似卡方	965.92
	df	136
	p	0.000

如表 3.8 所列，根据检验结果可知 KMO 值为 0.791，大于 0.6，满足主成分分析的基本条件，也意味着进行需求预测的 18 个指标可以进行主成分分析，且也通过了 Bartlett 球形度检验（$p<0.05$），说明目前的研究数据是适合进行主成分分析的。

如表 3.9 所列,统计结果表明,当对这 17 个指标提取 3 个主成分时,3 个主成分所对应的累计方差贡献率达到了 97.478%,大于 95%,符合主成分提取的要求。同时结合碎石图 3.5 可以看出,经过 25 次迭代的结果显示,当提取第 4 个主成分时,其贡献率还不足 0.5,因此提取 3 个主成分较为合理。

表 3.9 总方差解释

编号	初始特征			主成分提取		
	特征值	方差解释率/%	累计/%	特征值	方差解释率/%	累计/%
1	14.674	86.32	86.32	14.674	86.32	86.32
2	1.109	6.521	92.841	1.109	6.521	92.841
3	0.788	4.637	97.478	0.788	4.637	97.478
4	0.226	1.33	98.808	—	—	—
5	0.087	0.513	99.321	—	—	—
6	0.053	0.311	99.632	—	—	—
7	0.031	0.181	99.814	—	—	—
8	0.01	0.056	99.87	—	—	—
9	0.009	0.054	99.924	—	—	—
10	0.005	0.03	99.955	—	—	—
11	0.004	0.024	99.978	—	—	—
12	0.003	0.015	99.993	—	—	—
13	0.001	0.004	99.997	—	—	—
14	0	0.002	99.999	—	—	—
15	0	0	100	—	—	—
16	0	0	100	—	—	—
17	0	0	100	—	—	—

结合表 3.10 成分得分系数矩阵可得出原始变量与主成分间的函数关系式,用 Z_1、Z_2、Z_3 分别表示提取的主成分 1、2 及 3,则由成分得分系数矩阵可以得出

$$Z_1 = 0.067X_1 + 0.067X_2 + 0.056X_3 + 0.058X_4 + 0.068X_5 + 0.066X_6 + 0.067X_7 + 0.059X_8 + 0.067X_9 + 0.067X_{10} + 0.059X_{11} - 0.065X_{12} + 0.064X_{13} - 0.043X_{14} + 0.066X_{15} + 0.066X_{16} + 0.065X_{17}$$

$$Z_2 = -0.163X_1 - 0.131X_2 + 0.506X_3 + 0.462X_4 - 0.028X_5 - 0.192X_6 + 0.118X_7 + 0.155X_8 - 0.144X_9 - 0.11X_{10} + 0.329X_{11} + 0.224X_{12} + 0.04X_{13} + 0.168X_{14} + 0.083X_{15} - 0.173X_{16} - 0.234X_{17}$$

$$Z_3 = 0.064X_1 + 0.059X_2 - 0.135X_3 - 0.081X_4 + 0.011X_5 + 0.075X_6 - 0.123X_7 - 0.366X_8 + 0.069X_9 + 0.049X_{10} + 0.267X_{11} + 0.029X_{12} + 0.363X_{13} + 0.912X_{14} + 0.118X_{15} + 0.086X_{16} + 0.134X_{17}$$

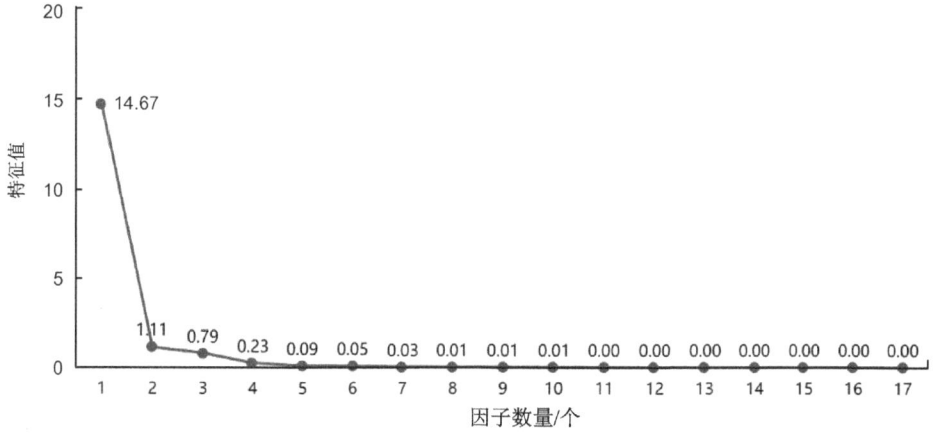

图 3.5　主成分分析碎石图

表 3.10　成分得分系数

名　称	成分		
	成分 1	成分 2	成分 3
地区生产总值/亿元	0.067	−0.163	0.064
交通运输、仓储、邮政业地区生产总值/亿元	0.067	−0.131	0.059
农、林、牧、渔业总产值/亿元	0.056	0.506	−0.135
第一产业产值/亿元	0.058	0.462	−0.081
第二产业产值/亿元	0.068	−0.028	0.011
第三产业产值/亿元	0.066	−0.192	0.075
人口规模(年末人口)/万人	0.067	0.118	−0.123
城镇化率/%	0.059	0.155	−0.366
人均可支配收入/元	0.067	−0.144	0.069
社会消费品零售总额(吃类商品)/亿元	0.067	−0.11	0.049
农、林、牧、渔业固定资产投资/亿元	0.059	0.329	0.267
生鲜农产品年产量/万吨	−0.065	0.224	0.029
货物周转量/(亿吨·公里$^{-1}$)	0.064	0.04	0.363
货运量(公路)/万吨	−0.043	0.168	0.912

续表 3.10

名　称	成分		
	成分 1	成分 2	成分 3
公路营运汽车拥有量(载货汽车)/万辆	0.066	0.083	0.118
冷链物流流通/%	0.066	−0.173	0.086
冷库容量/万吨	0.065	−0.234	0.134

依据上述公式计算得到的主成分数值,综合指标 X_{16}(农产品生产价格指数),最终确定生鲜农产品冷链物流需求预测指标如表 3.11 所列,为统一标记,令 $Z_4 = X_{16}$。

表 3.11　基于主成分分析的生鲜农产品冷链物流需求预测指标

年份	Y	Z_1	Z_2	Z_3	Z_4
2001	0	−0.000 174 993	0.444 677 858	0.263 613 703	0.118 181 818
2002	0.059 353 838	0.032 401 702	0.510 966 761	0.266 344 988	0.436 363 636
2003	0.095 079 355	0.060 986 37	0.576 138 056	0.279 060 949	0
2004	0.135 710 841	0.086 905 429	0.594 790 196	0.246 091 394	0.459 090 909
2005	0.170 891 251	0.109 373 51	0.612 733 357	0.265 075 902	0.627 272 727
2006	0.238 379 772	0.153 735 348	0.633 765 222	0.112 949 584	0.477 272 727
2007	0.308 321 278	0.187 685 106	0.616 854 388	0.117 317 839	0.304 545 455
2008	0.376 941 946	0.288 334 88	0.472 036 945	0.026 691 931	1
2009	0.475 291 947	0.329 937 758	0.610 772 28	0.046 741 08	0.904 545 455
2010	0.546 365 6	0.375 382 139	0.673 131 648	0.215 668 579	0.268 181 818
2011	0.571 587 312	0.438 366 364	0.669 852 757	0.143 866 469	0.640 909 091
2012	0.634 127 933	0.516 107 636	0.823 410 921	0.279 574 716	0.831 818 182
2013	0.688 324 213	0.545 452 78	1.045 208 562	0.826 515 914	0.560 454 545
2014	0.742 562 425	0.609 588 414	1.130 877 871	1.091 738 337	0.559 090 909
2015	0.785 353 377	0.653 391 915	1.021 404 689	1.091 070 172	0.331 818 182
2016	0.845 042 665	0.688 234 432	0.539 157 118	0.814 985 595	0.336 363 636
2017	0.892 571 86	0.715 362 011	0.295 796 345	0.853 937 724	0.331 818 182
2018	0.964 421 242	0.757 247 547	0.006 815 152	0.874 466 411	0.172 727 273
2019	1	0.798 287 887	−0.181 040 505	0.983 855 103	0.509 090 909

3.4.3 基于主成分回归的北京市生鲜农产品冷链物流需求预测

基于需求预测指标,利用 SPSS 25 将 Z_1、Z_2、Z_3、Z_4 作为自变量,而将 Y 作为因变量进行多元线性回归分析,分析结果如表 3.12～表 3.14 所列。

表 3.12 模型汇总表

模型	R	R^2	调整后 R^2	标准估算的错误	R^2 变化量	F 变化量	自由度 1	自由度 2	显著性 F 变化量
1	0.997[a]	0.993	0.993	0.027 445 924 1	0.993	2 518.434	1	17	0.000
2	0.998[b]	0.996	0.995	0.022 781 619 4	0.002	8.674	1	16	0.010

a. 预测变量:常量,×1。
b. 预测变量:常量,×1,×3。
c. 因变量:Y。

表 3.13 方差分析表

ANOVA[a]

模型		平方和	自由度	均方	F	显著性
1	回归	1.897	1	1.897	2 518.434	0.000[b]
	残差	0.013	17	0.001	—	—
	总计	1.910	18	—	—	—
2	回归	1.902	2	0.951	1 831.962	0.000[c]
	残差	0.008	16	0.001	—	—
	总计	1.910	18	—	—	—

a. 因变量:Y。
b. 预测变量:常量,×1。
c. 预测变量:常量,×1,×3。

表 3.14 模型系数表

系数[a]

模型		未标准化系数		标准化系数	t	显著性	共线性统计	
		B	标准错误	Beta			容差	VIF
1	×常量	0.039	0.011	—	3.504	0.003	—	—
	×1	1.196	0.024	0.997	50.184	0.000	1.000	1.000
2	常量	0.041	0.009	—	4.450	0.000	—	—
	×1	1.270	0.032	1.059	39.602	0.000	0.380	2.630
	×3	−0.067	0.023	−0.079	−2.945	0.010	0.380	2.630

a. 因变量:Y。

在多元线性逐步回归中,将经过模型自动识别,最终余下 Z_1、Z_3 共 2 项在模型中,模型公式为 $Y=0.041 + 1.270Z_1 - 0.067Z_3$。根据回归方程,进行预测,并计算预测值与实际值的相对误差,如图 3.6 所示,平均相对误差为 4.08%。

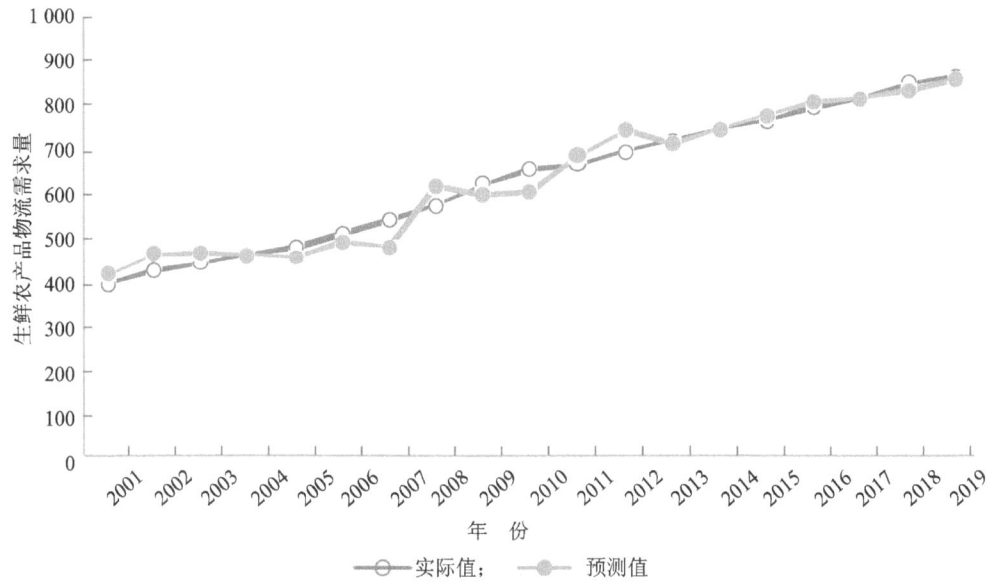

图 3.6 基于主成分回归的需求预测实际值与预测值的对比

进一步分析模型输出表,模型的拟合优度 R^2 值为 0.996,意味着 Z_1 和 Z_3 可以解释 Y 的 99.6% 变化原因,调整后的 R^2 为 0.995>0.9 型,模型拟合较好;而且模型通过 F 检验($F=1\ 831.962, p=0.000<0.05$),说明模型有效。通过检验共线性可知,该主成分回归模型的方差膨胀系数值(VIF)均小于 5,表明并不存在多重共线性问题。

最终分析可知,主成分 Z_1 的回归系数值为 1.270($t=39.602, p=0.000<0.01$),代表该成分会对生鲜农产品的冷链物流需求量产生显著的正向影响关系,Z_3 回归系数值为 -0.067($t=-2.945, p=0.010<0.01$),则表示成分 Z_3 会对需求量产生显著的负向影响关系。

3.4.4 基于 PCA - BP 的北京市生鲜农产品冷链物流需求预测

基于表 3.11 需求预测指标,选取主成分 Z_1、主成分 Z_2、主成分 Z_3 及农产品生产价格指数主成分 Z_4 为神经网络的输入变量,选取北京市生鲜农产品需求量 Y 为输出变量,选取已处理数据中的前 16 组数据为训练集,余下 3 组为测试集,隐含层节

点数的选取参考如下经验公式:

$$\text{node} = \sqrt{n+m} + a \tag{3.19}$$

式中,n 为输入量的个数,m 为输出量的个数,a 为 1~10 之间的整数。在本研究问题中,主成分为 4 个,n 为 4,输出量为物流需求量,m 为 1,则节点的取值范围是 [4,13]。为了确定隐含层节点的最佳个数,本书选择 tansig 函数作为隐含层的转移函数持续性,选取 purelin 函数作为输出层的转移函数,并将模型的学习率设为 0.25,训练次数设为 300,精度设为 0.001 5,动量因子设为 0.95,建立隐含层节点数分别为 4~13 的 BP 神经网络模型,分别进行模型运算,通过误差对比分析,确定能够使测试数据平均相对误差最小的隐含层节点数。表 3.15 为隐含层不同节点数误差对比。

表 3.15　隐含层不同节点数误差对比

隐含层节点数/个	4	5	6	7	8	9	10	11	12	13
相对误差均值/%	3.7	1.89	4.3	2.1	2.3	5.1	4.6	5.78	8.38	8.56

根据不同隐含层节点数模型平均相对误差分析比较可知,当隐含层的节点数为 5 时,神经网络模型对于测试数据的平均相对误差最小。因此,我们根据图 3.7 所示的神经网络结构与参数完成 BP 神经网络的建立。

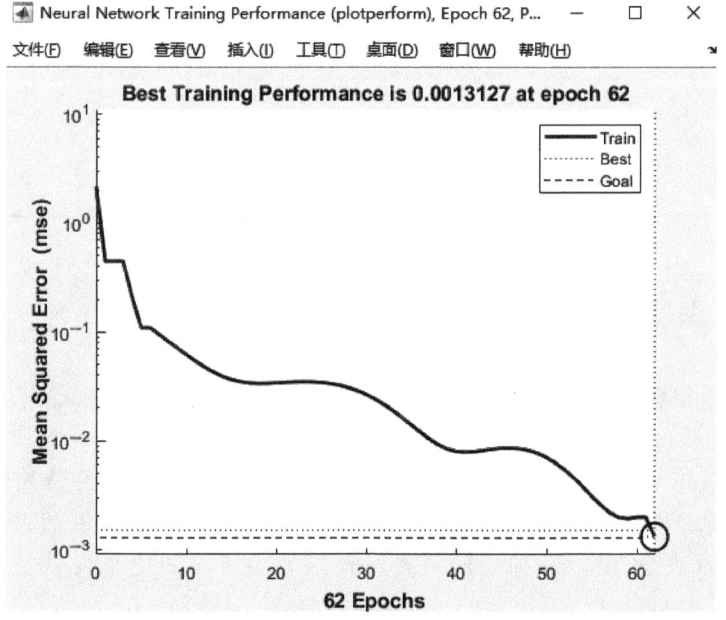

图 3.7　BP 神经网络训练曲线图

```
net = newff(w_train,y_train_label,4,{'tansig','purelin'},'traingdx')
    net. trainParam. epochs = 300;
    net. trainParam. goal = 0.0015;
    net. trainParam. lr = 0.25;
    net. trainParam. mc = 0.95;%动量因子设置
    net. trainParam. show = 25 %显示的间隔次数
    net. divideFcn = '';
    [net, tr] = train(net, x_train, y_train_label);
```

BP 神经网络得到的训练结果如图 3.7 所示,可以看出,神经网络在训练次数达到 62 次的时候就已经收敛,其误差值为 0.001 312 7,小于设定的 0.001 5,网络已经基本拟合输入的 16 组数据。

为了检验神经网络的有效性,用 2017—2019 年共 3 年的数据来对训练好的网络进行验证,将生鲜农产品冷链物流需求量预测值与实际值进行对比分析,计算出预测误差如表 3.16 所列,2017—2019 年 3 年平均相对误差为 0.78%,平均误差值在可接受的范围内。

表 3.16 生鲜农产品冷链物流需求量 2017—2019 预测误差统计表

年 份	实际值	预测值	误差/%
2017	816.34	822.363 901 5	0.7379
2018	850.61	849.243 241 5	0.1607
2019	867.58	855.203 054 7	1.4266

3.4.5 基于 Shapley 值法的组合模型预测

Shapley 组合预测模型的计算公式为

$$Y = \lambda_1 Y_{1t} + \lambda_2 Y_{2t} \tag{3.20}$$

式中,Y 代表组合预测值,Y_{1t} 代表主成分回归对物流需求量的预测值,Y_{2t} 代表 PCA-BP 神经网络对物流需求量的预测值,λ_1 代表主成分回归在组合预测中所占的比重,λ_2 代表 PCA-BP 神经网络在组合预测中所占的比重,t 代表在 t 时刻的观察值。

根据主成分回归及 PCA-BP 神经网络两种预测模型对生鲜农产品物流需求量的预测值及与实际值的误差如表 3.17 所列。

表 3.17 各预测模型预测值与实际值对比

年 份	实际值	主成分回归预测值	PCA-BP预测值	主成分回归绝对误差	PCA-BP绝对误差
2001	390.61	410.5231	400.12	19.9131	9.51
2002	418.92	456.653 268 3	446.356 527 7	37.733 268 25	27.436 527 73
2003	435.96	459.255 887 4	415.858 237 8	23.295 887 42	20.101 762 16
2004	455.34	453.961 536 1	472.932 53	1.378 463 943	17.592 535 29
2005	472.12	449.134 11	477.014 910 2	22.989 058 88	4.894 910 217
2006	504.31	484.720 268 3	474.997 713 2	19.589 731 67	29.312 286 83
2007	537.67	474.260 920 7	495.065 757 7	63.409 079 33	42.604 242 33
2008	570.40	614.220 206 7	617.616 321 6	43.820 206 68	47.216 321 62
2009	617.31	594.084 896 3	594.759 131 2	23.225 103 69	22.550 868 76
2010	651.21	600.512 064 8	620.933 879 7	50.697 935 2	30.276 120 28
2011	663.24	683.050 254 1	668.183 524	19.810 254 1	4.943 524 007
2012	693.07	741.391 570 5	699.785 725 7	48.321 570 45	6.715 725 683
2013	718.92	709.181 328 5	729.691 003 5	9.738 671 501	10.771 003 51
2014	744.79	744.948 047 4	741.803 19	0.158 047 39	2.986 809 968
2015	765.20	777.931 313 8	766.684 060 2	12.731 313 81	1.484 060 232
2016	793.67	808.816 906	796.253 799	15.146 906 04	2.583 799 012
2017	816.34	816.759 011 8	822.363 901 5	0.419 011 773	6.023 901 452
2018	850.61	833.365 997 5	849.243 241 5	17.244 002 5	1.366 758 527
2019	867.58	858.626 574 4	855.203 054 7	8.953 425 6	12.376 945 31
平均值	—	—	—	23.082 896 75	15.828 847 52

根据式(3.15)可以求得该组合预测模型误差的平均值为

$$E = \frac{1}{n}\sum_{i=1}^{n} E_i = 19.456 \tag{3.21}$$

根据 Shapley 值的原理，参与组合预测模型误差分摊的 $I=\{1,2\}$，I 中各个子集的组合误差分别为 $E\{1\}$、$E\{2\}$、$E\{1,2\}$，各误差结果如表3.18所列。

表 3.18 各个子集误差结果

组合误差	$E\{1\}$	$E\{2\}$	$E\{1,2\}$
误差结果	23.08	15.83	19.456

$$E'_1 = \sum_{s \subseteq S_1} w = 11.541 \tag{3.22}$$

$$E'_2 = \sum_{s \subseteq S_2} w(|s|)(E(s) - E(s \setminus 2)) = 7.914 \tag{3.23}$$

根据式(3.22)及式(3.23)可得 $E'_1 + E'_2 = 19.455$，说明计算正确。

根据计算结果将 E'_1 和 E'_2 代入式(3.16)及式(3.17)，可以得出权重值分别为 $\lambda_1 = 0.406, \lambda_2 = 0.594$，代入式(3.20)可得

$$Y = \lambda_1 Y_{1t} + \lambda_2 Y_{2t} = 0.406 Y_{1t} + 0.594 Y_{2t} \tag{3.24}$$

根据式(3.24)，可以计算出生鲜农产品物流需求量的组合预测值，预测结果如表3.19所列。可以看出，组合预测模型的平均绝对误差为13.711 24，均小于主成分回归预测模型的23.08及PCA-BP神经网络模型的15.83；组合预测模型的平均相对误差为2.42%，小于主成分回归模型的4.08%；2017—2019年的平均相对误差为0.616%，小于PCA-BP神经网络模型的0.78%，模型有效。

表3.19 组合预测结果

年 份	实际值	组合预测值	绝对误差	相对误差/%
2001	390.61	402.438 4	11.828 38	3.03
2002	418.92	441.333 6	22.413 56	5.35
2003	435.96	449.797 8	13.837 76	3.17
2004	455.34	454.521 2	0.818 808	0.18
2005	472.12	458.464 5	13.655 5	2.89
2006	504.31	492.673 7	11.636 3	2.31
2007	537.67	500.005	37.664 99	7.01
2008	570.4	596.429 2	26.029 2	4.56
2009	617.31	603.514 3	13.795 71	2.23
2010	651.21	621.095 4	30.114 57	4.62
2011	663.24	675.007 3	11.767 29	1.77
2012	693.07	721.773	28.703 01	4.14
2013	718.92	713.135 2	5.784 771	0.80
2014	744.79	744.883 9	0.093 88	0.01
2015	765.2	772.762 4	7.562 4	0.99
2016	793.67	802.667 3	8.997 262	1.13
2017	816.34	816.588 9	0.248 893	0.03
2018	850.61	840.367 1	10.242 94	1.20
2019	867.58	862.261 7	5.318 335	0.61
平均值			13.711 24	2.42

表 3.20 是基于不同权值确定组合方法进行组合模型预测得到的相对误差结果，等权重法将每一种预测方法都赋予相同的权重，虽操作简单，但效果最差，基于该法建立的组合模型预测的平均相对误差为 3.495%；优势矩阵法是根据每一种预测方法效果更好的次数确定权重，方差倒数法和标准差法分别通过误差平方和及标准差的大小确定权重，这两种权值确定法及根据有效度确定权重的方法其平均相对误差均大于基于 Shapley 值法建立组合模型的平均相对误差，基于 Shapley 值法确立的组合模型的平均相对误差为 2.42%。实验证明，Shapley 值法相较于其他权重确定法能够更好地综合两种单一模型的优势，有效提高模型的精度。

表 3.20　不同方法组合模型预测相对误差对比

方　法	等权重法	优势矩阵法	方差倒数法	标准差法	根据有效度确定权重法	Shapley 值法
平均相对误差/%	3.495	2.999 6	3.132	3.005	2.819	2.42

表 3.21 是利用不同类型的需求预测方法对生鲜农产品需求量进行预测所得到的平均相对误差。其中虽然 ARIMA 法和指数平滑法在进行模型运算时其过程方法相对简单，但 ARIMA 只突出了时间因素在预测中的作用，影响因素存在片面性；指数平滑法即使确定了最优平滑系数，但模型精度仍相对较差；灰色预测模型对于短期预测精度较高，但对于波动性较强的序列拟合相对较差；神经网络具有较强的非线性映射能力，在预测物流需求这种相对复杂的问题时预测精度相对更高，实验表明 REF 神经网络相对于 BP 神经网络的平均相对误差相对更低；相对于神经网络只能得出一个具体的预测值，多元回归可以很直观地看出解释变量与被解释变量之间的变化情况，其呈现出的预测准确度也相对较好。本书所采用的组合预测方法，以 Shapley 值法将主成分回归模型与 PCA-BP 神经网络模型进行组合，综合了两种模型的优势，所得到的组合预测模型的平均相对误差最小，证明模型有效。

表 3.21　不同需求预测方法平均相对误差对比

预测方法	平均相对误差/%
单一多元回归模型	4.08
单一 BP 神经网络	2.91
REF 神经网络	3.34
灰色预测	38.333 9
二次平滑	10.556
ARIMA	4.256
本书所用组合模型	2.42

3.5 小　结

本章首先建立了生鲜农产品冷链物流需求预测指标体系以及需求预测模型,以北京市的实际数据为例进行实证研究,研究结果表明,相对于目前组合模型通用的权重确定法,Shapley 值法能够更好地综合两种单一模型的优势,有效提高模型的精度。同时,本书所建立的生鲜农产品冷链物流需求预测模型能够有效地对物流需求进行预测,可以为企业或政府对冷链物流设施及资源调配提供有效的数据分析及决策方法。

第 4 章　供应链中物流配送路径问题研究

4.1　国内外研究现状及分析

本节从供应链中物流配送路径问题出发,分别从物流配送路径问题、选址-路径规划问题,以及粒子群算法三个方面进行国内外研究现状的分析。

4.1.1　物流配送路径问题的研究现状

物流配送路径问题(Vehicle Routing Problem,VRP)的概念最早是由 Dantzig 和 Ramser 于 1959 年提出的[156],其目标是为若干个收发货点分配合适的行车路线,使车辆按一定的顺序为这些收发货点配送货物,在满足一定约束条件的情况下,达到一个想要达到的目标(如路程最短、费用最低、耗时最短等)。物流配送路径问题可以应用到多个场景中,并且是一个 NP(Non-deterministic Polynomial,多项式复杂程度的非确定性问题)完全问题,不仅在物流运输方面,在其他许多学科领域也具有十分重要的研究意义及现实价值。经过大约半个世纪的研究,物流配送路径问题已成为运筹学与组合优化领域热门的前沿课题之一。近些年来,学者们分别将一般启发式算法和智能启发式算法应用到物流运输中,用以解决路径规划问题,虽然取得了多项令人满意的研究成果,但是求解问题的复杂性也相应地增大了,因此如何寻找既简单又有效的方法解决物流配送路径问题是该领域的研究热点问题之一[96]。

针对物流配送路径规划问题,并没有完全一致的定义标准。一般来讲,已知一定车辆,针对一组客户的需求,设计对应的车辆配送线路,在满足一定约束条件(比如容量、时间窗等)下,达到一定的优化目标,如配送路程最短、费用最少、耗时最短等,这就是所谓的物流配送路径规划[156]。物流配送路径问题作为一个非确定性多项式问题,吸引了众多领域专家学者的目光,通过一定的方法解决物流配送路径问题,可以降低运输成本,从而降低物流成本,为社会和企业的发展带来经济效益。

1. 国外研究现状

国外对车辆路径规划问题的研究起源于 20 世纪 50 年代初,经过了几十年不断发展完善,无论在理论研究方面还是在实际应用方面均取得了明显的成绩。最早的车辆路径选择大多是针对静态权重的路径选择问题,在运筹学中是一种求较优解的过程。后来,随着不断深入探索,怎样让研究成果更符合实际的车辆路径规划问题成为科研的关键。

物流配送路径问题以精确算法和启发式算法为主。前者计算精准,但是计算规模大,需要消耗很长的时间,并不适用于现实生活中大规模的物流配送,这一点也在初期的研究结果中得到了证实[157]。最近 10 年中,设计高效率的启发式算法来求解带车辆路径规划问题一直是国内外学者们的研究热点,研究成果为人们所称道,蚁群算法、禁忌搜索算法等在车辆路径规划问题中研究进展较快。比如在 1996 年,Bul Inheimer B[157]用蚁群算法来求解物流配送路径问题,通过信息素这一重要的参考信息来判断车辆应该行驶的路线,从而得出 VRP 问题总的最优路线。而在 2004 年,Remann Marc[158]提出了一种 Divide Ants 算法,顾名思义,也就是采用分而治之的思想来解决车辆路径规划问题。具体来说,该算法将一个大规模的物流配送路径问题进行分解,再针对分解后的小规模子问题分别进行求解,最后将求得的子问题的解进行综合分析,从而得出整个大规模的物流配送路径问题的最优解。

2. 国内的研究现状

我国路径选择问题的研究起步较晚,一直到 20 世纪 80 年代才开始兴起。目前国内对车辆路径的研究大多侧重于路径优化问题。1999 年姜大立等[159]提出了采用遗传算法来求解车辆配送路径问题的思想,通过实验验证得到,该方案能够快速、有效地得到最优配送路径。张涛等[160]提出一种混合式算法,具体来讲,采用遗传算法进行全局搜索,采用 2-opt 算法进行局部搜索,实现了高效求解 199 个客户数目的车辆路径规划问题。谢秉磊等[161]于 2000 年将运输量及时间因素代入到权重中去,提出了对软硬时间因素都可适用的遗传算法,在实验研究中效果明显。2001 年,周贤伟等人[162]提出基于时间窗的数学模型,这种模型是根据定位设备特点设计的,提出了改进的遗传算法。2003年,宋厚冰和蔡远利[163]针对带时间窗的路径选择算法进行了改进,在已有遗传算法的基础上,将权重信息与染色体相结合,利用局部性的交换搜索算法,提出了另一种改进的遗传算法,求解效果明显。丁建立等[164]人对遗传算法与蚁群算法进行了结合,根据遗传算法的信息素分布特点,利用蚁群算法来求取最优解,实验分析获得了良好的研究成果,它的缺点是运算效率比较低。针对车辆路径问题,刘志硕[165]于2005年提出了一种自适应的蚁群算法,该算法基于解均匀度进行物流配送路径问题的求解,实验验证该算法在搜索速度方面具有明显的优势。尹晓峰[166]于2005年提出了利用车辆装载量和节省量的蚁群算法,求解结果用2-opt方法进一步进行优化。2006年,乐逸祥等[167]在现有研究成果的基础上对蚁群算法进行了优化,改进后的算法具有更好的全局搜索能力以及更快的收敛速度。刘小兰等[168]人建立了加入时间因素的路径选择的数学模型,通过研究各因素的逻辑关系,提出了一种初始算法,这种算法的运算速度大大加快,从而克服了大规模邻域搜索算法不能适用时间窗较宽的路径问题的缺点;随后又在邻域搜索算法中引入了最短路径优先的概念,这种搜索的方法引入到时间窗路径问题中可以大大缩短搜索时间。李宁等[169]改进了传统的粒子群算法,将时间窗加入到粒子群算法中。研究工作[170]通过对两阶段启发式算法的深入探索,将其应用在带有时间限制的车辆路径规划问题中,该研究对带时间窗约束的VRP进行优化,这种新型算法极大地减小了计算复杂度。然而在用户分布点较为松散的情况下,怎样把用户分布点的其他因素,如时间因素、费用因素等应用到算法中,需要对数据做哪些处理,文章没有给出说明。

在过去几十年的研究过程中,车辆路径规划问题从具体问题的分析逐渐过渡到抽象问题,从研究小规模的问题逐渐转变为研究大规模复杂集的问题,提出的解决方法可以归纳为三种,即精确求解、启发式算法、智能优化算法。精确解法以数学算法为基础,主要包含动态规划法、中心树法、分支定界法等。车辆路径规划问题是一种多阶段的策略问题,当问题的容量增加时,决策问题的难度成几何级数增长,精确算法尚不能解决此类大规模问题。启发式算法大致分为构造启发式算法、两阶段启发式算法和改进启发式算法三种。主要的构造型算法有节约法和插入法等,一般为局部搜索的方法,将较优的边不断替换之前的边,从而寻优得到较优解。智能优化算法通过允许退化解的存在来脱离局部最优,主要方法有禁忌搜索、模拟退火、蚁群算法等。由于智能优化算法能够对大规模问题求解,因此越来越受到人们的重视。

4.1.2 选址-路径规划问题国内外研究现状

除了上述普通的物流配送路径规划之外,随着突发公共事件、自然灾害等的频频发生,应急物流也引起了业内的广泛关注。由于应急物资需求具有不确定性,且在救援过程中可能会发生多种突发状况等,因此应急物流除了要充分考虑物流配送中心选址外,同时还要考虑物资配送车辆的路径规划问题,因此选址-路径规划问题(Location-Routing Problem，LRP）得到了广泛的关注[171]。LRP 问题是将选址和路径规划两个问题结合起来考虑，具体是指在某一选定的地区，决策者划分好已经调研过的配送设施的数量和位置范围，以及各项约束条件，依据末端服务对时间、需求量、服务质量等的不同需求，对派遣出的车辆进行运输路线规划的过程。通过满足选定设施中心的约束条件，以及最终确定的路径最优化来实现总问题的不同目标。在进行应急物流的研究时，应将配送中心的选址问题与车辆配送路径问题整体进行研究，即配送中心的位置会影响到后续救援路线的规划，而车辆的配送路线又取决于配送中心的位置，两者相互依赖并影响。只有进行整体设计和优化，才能有效地提高救援效率、减小伤亡率，并节约经济成本以及时间成本，从而将危害降到最低。具体研究成果如下。

1. 国外研究现状

在目前的物流研究中，主要是将选址定位问题与车辆路径问题分别进行研究，但是在实际应用中，这两类问题是相互影响的，其中一个问题的最优，并不能代表整体的最优。因此，只有将两者结合起来考虑，即选址-路径优化，才能够达到整体最优。LRP 最早在 20 世纪 60 年代由 Von Bovente 等提出，将选址和路径问题分成两个问题进行叙述。20 世纪 70 年代，Salhi S[172]首次提出了"选址-路径优化"，开始将两者同时考虑，并提出了运输-选址问题，对这个问题进行了深入研究。1973 年，Watson-Gandy 和 Dohm[173]在研究设施定位的问题中，率先清晰地阐明通过用非线性函数来表示从设施定位点到配送至顾客的过程。Jossef Perl 等[174]提出了一个混合整数规划模型，在优先解决仓库的存储问题的同时解决了物流中心的定位和车辆路径的选择问题，并认为选址定位问题与路径优化问题互相影响，且两个问题结合相对于单独研究两个问题更复杂。Chien[175]不认为对这两个问题分别讨论可以得到最优的解决方案，而只能得到次优解。为了解决这类问题，他指出通过把中心容量或者道路畅通度作为其约束条件，可以将选址和车辆配送问题结合起来一起研究。

随着 LRP 问题的不断发展，它被广泛地应用在多个不同的领域。HOF[176]对工业危险废品的 LRP 优化进行研究，对经济、环境和生态保护有重要的意义，他提出一种为电动汽车的电池充电站选址，并对电动汽车的路线行驶进行规划的模型，将充电站配送中心的建设成本与车辆运输成本最小作为目标。Toro[177]考虑到工业中温室效应对环境的影响，建立了考虑二氧化碳排放的选址-路径规划模型。Schiffer[178]提出了考虑电动汽车充电的时间窗因素的选址-路径规划的模型，并将该模型优化研究应用到电动汽车的运输中。

2. 国内研究现状

相比较于国外的研究，我国关于展开应急物流问题的研究相对较晚，在 2000 年，汪寿阳[179]基于国外 LRP 问题的研究,分析出 LRP 问题的特点,并提出应急物流相关的研究方向。

吕新福[180]等为了有效解决城市废弃物的回收中转站问题,利用 Tabu 算法对带配送中心周期性的 PLRP-IF 模型分阶段进行求解,得到了回收中转站的具体地理位置和运输废弃物的路线。

杨珺[181]等为了解决在电动汽车的物流系统背景下的换电站的位置问题,建立了带装载容量约束和总成本的整数规划 LRP 模型,设计了两阶段的启发式算法,并通过增大电池容量来降低电动汽车配送的运营成本。

罗耀波[182]等为了满足客户服务时间的要求,考虑仓库容量的约束,结合送取货一体化的配送,建立了带退货和软时间窗约束的多仓库的 LRP 模型,引入了一种基于遗传算法的混合局部自适应算法,并进行模型求解,在解决了该模型复杂性问题的同时提高了客户服务水平,并使其总成本最低。

王绍仁和马祖军[183]研究了震害紧急响应阶段的两级动态 LRP 模型,根据震后响应阶段的特点,在启发式算法的基础上引入了分解思想的"三角"算法,并与传统遗传算法进行对比研究,解决了震后初期的 LRP 问题,为相关部门提供了辅助支持。

刘长石[184]等考虑震后应急物资的不同方式的供应问题,考虑模糊需求和道路损毁状况等因素,建立了多层次、多周期的动态 LRP 模型,以物资配送时间最短为目标,并采用需求分割等方法,设计了结合蚁群算法的贪婪混合启发式算法进行模型求解。

吴国强[185]为了解决电子商务下的一体化的设施选址问题,建立了供应链设施中心的双层模型,即上层确定其设施中心的送货量,下层确定车辆的配送路线以及订货量,对选址过程综合考虑。

4.1.3 粒子群算法国内外研究现状

本小节分析采用粒子群算法优化物流配送问题,因此下面讨论一下粒子群算法的研究进展。粒子群算法从出现以来,就因其原理简单、容易实现、收敛速度快且参数设置简单等优点而得到了广泛应用,但其理论分析一直是该算法领域的研究难点。在已发表的论文中,关于理论研究的文献远少于其应用方面的文献。目前为止,粒子群算法的理论研究主要集中在算法收敛性分析中,通过推导算法迭代公式及改变参数取值来判断粒子最终是否收敛、收敛到什么值、收敛速度快慢等。粒子群算法理论进展缓慢的主要原因在于粒子的行为更新过程中具有一定的随机性,使得许多常规的数学方法无法对其进行分析。

参考文献[186]将改进的粒子群算法应用于带安全约束的经济分配中,研究表明,采用其改进的算法的速度明显优于传统的优化算法。参考文献[187]将改进的粒子群算法用于各种电力系统中的经济分配问题,数值仿真结果表明,与遗传算法相比,该算法减少了计算时间。参考文献[188]改进了基本粒子群算法,并将其用于化工过程软测量建模,取得了较好的效果。参考文献[189]将粒子群算法用于分子力场参数多目标优化问题,研究结果表明,基于粒子群算法的多目标优化方法在获得更好非劣解的同时,其收敛性能也优于基于遗传算法的多目标优化算法。参考文献[190]利用基于自组织映射和粒子群的混合聚类方法解决了基因聚类问题。除上所述,还有一些研究关注粒子群算法在应用领域的扩充,参考文献[191]将其应用于分布式数据库中对作业调度进行优化,实验结果表明,粒子群算法在复杂问题的处理上表现出了计算的优越性。参考文献[192]将粒子群算法用于化学过程的动态分析,判断动态模型中参数的选择所产生的不同动态现象,缩短了动态参数分析的时间。参考文献[193]对粒子群算法进行改进,并将其用于优化PID控制器的参数,采用基本遗传算法与改进遗传算法相比,粒子群优化PID控制器参数效果更好;同时,研究了温室的温度预测器控制问题,在预测控制策略中用粒子群算法来对二次规划问题进行求解。研究表明,采用粒子群算法能够获得的精度较高、控制效果较好,优于采用遗传算法和连续二次型优化算法。

4.2 物流配送路径问题描述及其模型构建

4.2.1 问题描述

对于一般的物流配送路径问题可以将其描述为:在一个物流系统中有一个物流中心,该物流中心有若干辆车,每辆车都从物流中心出发进行货物配送,将不同地点的用户所需要的物品运送到这些用户手中,最后各个车辆再回到最初的配送中心。已知每个客户的需求量、位置以及每辆车的最大载重量,要求在满足一定的约束条件下,合理规划每辆车的行驶路径,从而达到配送成本最小化的目的。此处的最小化可以是所有车辆行驶路径总和最短、用时最少或费用最低等。作如下假设:

① 每辆车行驶路线的起点和终点都为同一个物流中心。
② 每个客户的需求仅能用一辆车来完成。
③ 每一辆车的载货量不能超过该车的最大载重量。
④ 每条路线上的客户需求总量不超过每辆车的最大载重量。
⑤ 每辆车的最大载重量相同。

4.2.2 数学模型

根据上述物流配送路径问题的描述,建立的模型概括如下:一个物流中心有 K 辆车,第 j 辆车运输货物时的载重量分别为 $q_j(j=1,2,\cdots,K)$;客户数量为 L,现要完成全部 L 个客户的物品运送任务,每个任务用 $1,2,\cdots,L$ 表示,其中第 i 个客户的需求量为 $g_i(i=1,2,\cdots,L)$,且 $\max g_i \leqslant \max q_j(i=1,2,\cdots,L$,并且 $j=1,2,\cdots,K)$,求满足以上货物运输要求的最小开销的行驶路径。我们将物流中心编号设置为 0,全部 L 个客户即所有发货点编号为 $1,2,\cdots,L$,任务及物流中心均以点 $i(i=0,1,\cdots,L)$ 来表示。定义变量如下:

$$y_{ki}=\begin{cases}1, & \text{发货点 } i \text{ 的任务由车辆 } j \text{ 配送完成}\\ 0, & \text{否则}\end{cases} \quad (4.1)$$

$$x_{ijk}=\begin{cases}1, & \text{车辆 } k \text{ 从配送点 } i \text{ 行驶到配送点 } j\\ 0, & \text{否则}\end{cases} \quad (4.2)$$

于是得到该物流配送路径问题的数学模型如下:

$$\begin{aligned}\min F &= \sum_i \sum_j \sum_k (c_{ij} + f_d \times d_{ij} + f_t \times t_{ij}) x_{ijk}\\ \text{s.t.} \quad & \sum_i g_i \times y_{ki} \leqslant q_k, \quad \forall k\\ & \sum_k y_{ki} = 1, \quad i=1,2,\cdots,L\\ & \sum_i x_{ijk} = y_{kj}, \quad j=0,1,\cdots,L, \quad \forall k\\ & \sum_j x_{ijk} = y_{ki}, \quad i=0,1,\cdots,L, \quad \forall k\\ & x_{ijk}=0 \text{ 或 } 1, \quad i,j=0,1,\cdots,L, \quad \forall k\\ & y_{ki}=0 \text{ 或 } 1, \quad i=0,1,\cdots,L, \quad \forall k\end{aligned} \quad (4.3)$$

目标函数 F 表示最小运输成本,它可以综合考虑路程、时间、费用等因素。c_{ij} 表示从配送点 i 到 j 的固定运输成本,d_{ij}、t_{ij} 分别表示从配送点 i 到 j 的路程及时间开销,f_d、f_t 分别表示相对于配送路程和时间的费用系数。

该模型满足了每个客户即发货点都能得到车辆的配送任务,并且每个发货点的需求只能由某一车辆来完成;同时,使得每条行驶路径上的各发货点的需求量之和不超过此路径上配送车辆的最大载重量。在满足以上条件的情况下,求使得车辆运输成本之和 F 最小的物流配送路线。

4.3 基本粒子群算法及改进

4.3.1 基本粒子群算法

粒子群算法是一种进化计算技术，它的灵感来源于鸟群、鱼群的捕食行为。在该模型中，每个个体受到周围其他个体行为的影响，其自身行为逐渐变得与周围其他个体的行为相似。比如，初始状态下，有一群鸟在随机地搜索食物，而该区域内仅有一块食物，这一群鸟均不知道这块食物的具体位置，也不知道如何才能觅到这块食物。但是鸟群在搜索食物的过程中，它们之间会相互传递信息，从而告诉其他同伴自己所在的位置，从而鸟群位置发生变化，经过多次调整，最终整个鸟群都汇聚在食物的位置，也就是得到了粒子群算法的最优解。受该模型的启发，粒子群优化算法应运而生。基本的粒子群算法的大致流程如图 4.1 所示。

粒子群算法为每一个粒子随机地初始化一个位置和速度，在每次迭代过程中都参考前一次的个体和群体经验，通过对当前最优值的追随来搜寻全局最优值。粒子群算法中粒子的速度和位置更新过程分别由以下两式完成：

$$v(t+1) = v(t) + c_1 r_1 [\text{pbs}t(t) - x(t)] + c_2 r_2 [\text{gbs}t(t) - x(t)] \quad (4.4)$$

$$x(t+1) = x(t) + v(t+1) \quad (4.5)$$

式中，$v(t)$ 表示第 t 次迭代粒子的速度。$x(t)$ 表示当前粒子的位置。$\text{pbs}t(t)$ 表示粒子在进化到第 t 代时的个体最优位置。$\text{gbs}t(t)$ 表示粒子在进化到第 t 代时整个粒子群的最优位置。r_1、r_2 是介于 $(0,1)$ 之间的随机数。c_1、c_2 是学习因子。

粒子群算法速度更新公式(4.4)包含三个部分，第一部分为粒子的先前速度；第二部分为"认知"部分，表明粒子个体的认知能力，来源于粒子自身的经验和思考，加速因子 c_1 可以调节粒子飞向自身最优位置的飞行步长；第三部分称为粒子的"社会"部分，表明粒子间的相互作用及相互影响，加速因子 c_2 用于调节粒子向群体最优位置的飞行步长。

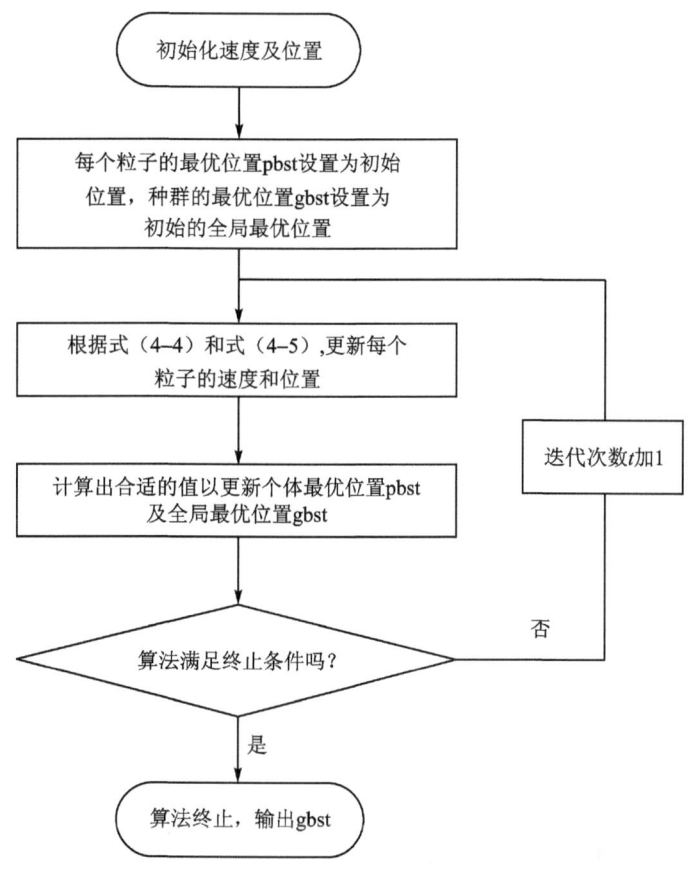

图 4.1 基本的粒子群算法流程

4.3.2 粒子群算法改进

粒子群算法的参数中,加速因子 c_1 和 c_2 代表每个粒子朝向局部最优位置和全局最优位置的加速权重,c_1 越大,表明粒子个体的认知能力越强,即粒子全局搜索能力越强;c_2 越大,表明粒子间的信息共享越频繁,相互作用越大,即粒子具有更强的局部搜索能力。因此,恰当地调整这两个参数,对快速、准确地找到最优解是十分关键的。

算法前期,若要使得粒子在整个寻优空间进行搜索,避免陷入局部最优,则 c_1 要较大;在算法后期,若要提高算法收敛的精度和速度,则要有较大的 c_2。因此可以考虑 c_1、c_2 随着迭代次数的增加而分别线性减小和增大,同时为了 $w(t)$ 与 c_1、c_2 的取值能够使得粒子的全局搜索和局部搜索具有一致性,将惯性权重值 $w(t)$ 设置如下:

$$w(t) = (w_s - w_e) \times \frac{T-t}{T} + w_e \tag{4.6}$$

式中,w_s 和 w_e 分别代表惯性权重的开始值和结束值,T 是算法的最大迭代次数,t 为算法当前的迭代次数。c_1 和 c_2 的更新公式分别如下:

$$c_1 = \frac{4[w(t) - w_e]}{w_s - w_e} \tag{4.7}$$

$$c_2 = 4 - c_1 = 4 \times \frac{w_i - w(t)}{w_i - w_e} \tag{4.8}$$

如果随机数 r_1 前期和 r_2 后期随机取得的值较小,或 r_1 前期和 r_2 后期随机取得的值较大,那么上述对 c_1 和 c_2 改进的作用就会弱化,从而导致粒子前期可能无法跳出局部极值点以及后期无法提高算法的收敛速度和精度。鉴于此,我们使得 r_1、r_2 随着粒子的不断迭代也分别线性减小和增大,并采用与改进 c_1、c_2 类似的方法,取 r_1、r_2 的值如下:

$$r_1 = \frac{w(t) - w_e}{w_s - w_e} \tag{4.9}$$

$$r_2 = 1 - r_1 = \frac{w_s - w(t)}{w_s - w_e} \tag{4.10}$$

于是粒子群速度更新公式调整为

$$v(t+1) = v(t) + 4\left[\frac{w(t) - w_e}{w_s - w_e}\right]^2 [\text{pbst}(t) - x(t)] + \\ 4\left[\frac{w_s - w(t)}{w_s - w_e}\right]^2 [\text{gbst}(t) - x(t)] \tag{4.11}$$

此方法将惯性权重与加速因子结合起来进行优化,前期有利于跳出局部极值点,避免陷入局部最优;后期可以有效提高算法的收敛速度和精度,同时使 r_1、r_2 的取值不再局限于(0,1)之间的随机数,而是与惯性权重相关的数,这样避免了由于 r_1、r_2 随机取得的值较大或较小从而弱化了对 c_1 和 c_2 改进的效果,使得粒子性能更强,更易于达到既定的效果。

4.4 改进粒子群算法在物流配送路径问题中的应用

通过 MATLAB 进行仿真实验,对基本粒子群算法及改进粒子群算法的运行结果进行比较,以验证改进后算法的性能。

4.4.1 算法的设计

该部分针对如下问题进行研究:已知该路径规划中包含 L 个发货点,构造一个 $2L$ 维的向量空间,每个发货点的任务都对应其中的两维:车辆的编号为 k,在车 k 行驶路径中该任务的次序为 r。为了方便,将粒子所对应的 $2L$ 维向量 X 用两个 L 维向量来表示:X_k(完成各任务所对应的车辆编号)和 X_r(各任务在对应的车辆行驶路径中的执行次序)。

假设该车辆配送路径问题中发货点任务数为 6,车辆数为 3,若某粒子对应的向量 X 为 X_k(2 1 3 2 3 2)、X_r(2 1 2 3 1 1),则该粒子所对应的车辆行驶路径如下:

车 1:0→2→0;
车 2:0→6→1→4→0;
车 3:0→5→3→0。

由于粒子群算法中粒子的值可能出现小数,而物流配送路径问题对应的解的值只能是整数,因此通过将粒子的值向上取整的方法得到对应的解,并通过评价函数来评价粒子。对于不满足实际情况的一些粒子的值,设置为可行解不能达到的一个较大的值,如 100 000,最后通过求得的粒子的值计算出车辆行驶的费用总和。

4.4.2 仿真实验

为了证明改进粒子群算法在解决物流配送路径问题中的优势,采用参考文献[194]中同样的案例数据分别对基本的粒子群算法和改进后的粒子群算法进行实验验证,并将实验结果进行比较。

案例有关数据如下:1 个物流中心为 8 个客户配送货物,物流中心与客户及客户间的距离和各客户的需求量如表 4.1 所列,物流中心与客户及各客户之间因为堵车、红绿灯等原因额外花费的时间单位量如表 4.2 所列,物流中心拥有 2 辆车,每辆车的载重量均为 8 吨,要求设计合理的行车路径,使行驶路线最短。

表 4.1 各点间的距离和各客户需求量

c_1/公里	0	1	2	3	4	5	6	7	8
0	0	4	6	7.5	9	20	10	16	8
1	4	0	6.5	4	10	5	7.5	11	10
2	6	6.5	0	7.5	10	10	7.5	7.5	7.5
3	7.5	4	7.5	0	10	5	9	9	15

续表 4.1

c_1/公里	0	1	2	3	4	5	6	7	8
4	9	10	10	10	0	10	7.5	7.5	10
5	20	5	10	5	10	0	7	9	7.5
6	10	7.5	7.5	9	7.5	7	0	7	10
7	16	11	7.5	9	7.5	9	7	0	10
8	8	10	7.5	15	10	7.5	10	10	0
需求量/吨	—	1	2	1	2	1	4	2	2

表 4.2　各点间额外消耗的时间单位量(5 分钟为 1 单位)和各客户需求量

c_2	0	1	2	3	4	5	6	7	8
0	0	1	2	3	3	5	3	4	2
1	1	0	2	1	3	1	2	3	2
2	2	2	0	2	3	3	2	2	3
3	3	1	2	0	3	1	2	2	4
4	3	3	3	3	0	3	2	2	2
5	5	1	3	1	3	0	2	2	2
6	3	2	2	2	2	2	0	2	2
7	4	3	2	2	2	2	2	0	3
8	2	2	3	4	2	2	2	3	0
需求量/吨	—	1	2	1	2	1	4	2	2

结合这两张表中的数据以及改进的粒子群算法,可以求出各点间所对应的运输成本,其中,通过顺丰速递公司提供的数据知道,每辆车完成一次运输的固定成本为 20 元,由于北京市出租车的基本单价为 2.3 元/公里,停车等候或时速低于 12 公里时每 5 分钟加收 1 公里的租价,而 8 吨货车的耗油量约为出租车耗油量的 2.3 倍,为了计算方便,我们将货车每公里消耗的成本定为约 5 元/公里,即 $p=5$,于是可以得出物流中心与客户及各客户之间的运输成本 c_{ij} 的值如表 4.3 所列。

表 4.3　各点间的运输成本和各客户需求量

c_{ij}/公里	0	1	2	3	4	5	6	7	8
0	0	45	60	72.5	80	145	85	120	70
1	45	0	62.5	45	85	50	67.5	90	80
2	60	62.5	0	67.5	85	85	67.5	67.5	72.5
3	72.5	45	67.5	0	85	50	75	75	115
4	80	85	85	85	0	85	67.5	67.5	80
5	145	50	85	50	85	0	65	75	67.5
6	85	67.5	67.5	75	67.5	65	0	65	80
7	120	90	67.5	75	67.5	75	65	0	85
8	70	80	72.5	115	80	67.5	80	85	0
需求量/吨	—	1	2	1	2	1	4	2	2

为了比较不同算法解决问题的性能,我们用 MATLAB 7.0 编写了物流配送路径问题的粒子群算法程序,具体测试参数为:每种算法的最大迭代次数为 20 次,维数取 $n=16$ 维,即 $8+8=16$,粒子数为 20 个。其中基本粒子群算法和本书所述的改进的粒子群算法的运行结果分别如表 4.4、表 4.5 所列。

表 4.4　基本粒子群算法运行结果

次　数	1	2	3	4	5	6	7	8	9	10
运输成本	442.5	445	442.5	450	442.5	442.5	450	445	442.5	445
次　数	11	12	13	14	15	16	17	18	19	20
运输成本	445	445	445	442.5	445	442.5	450	445	442.5	442.5

表 4.5　改进粒子群算法运行结果

次　数	1	2	3	4	5	6	7	8	9	10
运输成本	442.5	442.5	445	445	442.5	442.5	442.5	445	445	442.5
次　数	11	12	13	14	15	16	17	18	19	20
运输成本	442.5	445	450	442.5	442.5	445	445	445	442.5	442.5

具体的配送路径为:0→4→7→6→0,0→1→3→5→8→2→0。

由以上运行结果可知,算法一共运行了 20 次,其中基本粒子群算法 9 次达到了最优解 442.5,20 次的平均值为 444.625,而本书所改进的粒子群算法 11 次达到了最优解 442.5,而且其他结果也都很接近 442.5,20 次的平均值为 443.75。由此可知,本书所提出的改进的加速因子和随机数的 PSO 算法的搜索最优解的效率和能力远高于基本的 PSO 算法,是一种解决物流配送路径问题的高效的方法。

4.5 小　结

本章首先建立了物流车辆配送路径问题的数学模型;其次对粒子群算法进行优化,避免了陷入局部最优解;最后将优化后的算法应用到改进的模型中进行测试分析,证明改进的算法用于解决物流配送路径问题更加有效。

第 5 章　供应链全流程可追溯系统研究

5.1　食品行业可追溯系统国内外研究现状

5.1.1　国外研究进展

对食品的可追溯性,国外学者对其研究得较早,查询相关信息可知,西方国家早在 20 世纪初就已经对食品的可追溯体系进行系统性的研究,已经有了 10 多年的经验和基础,许多知名学者也纷纷对食品可追溯性发表了相关建议[195]。自 1986 年英国出现首例疯牛病以来,大面积疯牛病的爆发使人们产生了恐慌,直到今日,食品安全问题一直源源不断[196]。近年来,国内外奶粉也频频遭受重创,众所周知的三鹿奶粉事件让人们对中国奶粉行业产生质疑[197];2006 年世界著名巧克力产品的污染水事件导致多人食用巧克力中毒[198];2010 年美国"毒鸡蛋"事件发生后对其进行大规模召回[199]。可以发现,即使是西方的发达国家也频频爆出食品安全事故。对此,以欧盟为首的欧洲国家政府为了及时处理这些频发的食品安全事故,专门构建了畜产品可追溯系统,想要凭借此追溯系统来应对食品安全事故的发生[200]。近些年,欧盟还实验采用最新的科研成果保证食品安全可追溯系统的可靠性,例如实验采取 DNA 标记技术提供动物产品的追溯。法国作为全球较先着手对于畜产品的质量安全进行追溯的国家之一,对追溯系统的发展起到了推进作用[201]。

在法国,牛肉作为人们日常消费量最大的产品,其产品追溯体系也是当今市面上发展最为成熟的系统。20世纪中叶开始,法国就已经在生牛的养殖管理上推广个体标识,并且成功运用。到了80年代后,政府要求各个养殖场搭配上耳标。当经历过疯牛病后,法国就着手于生牛供应链的建设,达到对供应链的全程追溯。到目前为止,法国已经搭建完成以牛个体识别系统为主的牛肉产品追溯系统[202]。

加拿大于20世纪初也构建了国家食品追溯体系,以确保能够实现追溯食品各个环节的全部信息[203]。

荷兰是世界出口大国之一,于2002年正式构建一套较为完善的追溯体系,并将《通用食品法》作为核心管理法律之一,对畜牧业各个环节严格控制,实现了快速追溯产品来源信息的功能[204]。

日本也曾多次出现食品安全问题,近些年其在食品质量安全管理领域颇有建树,构建了较好的追溯体系。2005年,日本农业协同组合开始实行跟踪肉类产品等食用产品的流向,在进入日本市场前,对所有农产品信息进行查询验证,通过审核后才可进入市场。此后,消费者可以通过销售商配有的产品信息追溯系统设备,任意查询有关农产品在各个环节的相关信息[205]。时至今日,日本已经实现全部产品的可追溯模式,是目前发展最为完善的食品可追溯体系国家之一。

从以上国外研究进展来看,针对食品的追溯问题,通过自身经验和理论实践,国外在食品可追溯方面的研究已经取得了较好的成绩;此外,在理论研究的基础上,重点研究了可追溯系统的体系结构、识别技术和编码方案,并且已经熟练地掌握了相关的技术。例如,大多数新鲜肉类产品都是用"批次"处理的;Hamery[206]提出用EID(Electronic Identify,公民网络电子身份标识)技术来识别牛肉,以便记录牛肉追溯系统中每一头牛的历史数据和活动信息,详见参考文献[207-208]。Seine[209]等研究基于二维码的鱼产品安全追溯系统,通过将唯一的序列号分配给鱼产品并将其存储在二维码中,用户可以通过终端设备扫描条形码以获得相关信息。

5.1.2 国内研究进展

相较于国外的进展,国内在食品追溯领域的研究起步较晚,与发达国家有一定的差距。不过,随着各类食品问题的出现和人们对安全健康食品的需要,我国也开始进行农产品质量安全跟踪与追溯的研究。

2008年奥运会期间,所有食品的安全性是人们重点关注的内容,为了实现对供给北京奥运会的全部产品都能进行追溯,保证从生产到销售整个供应链进行全程的跟踪监控,专门建立了产品追溯系统。在畜禽类产品中已经可以从养殖、屠宰加工、运输环节实现全程监控,一些超市和市场也配备了追溯系统终端,代表着北京市追溯体系已经慢慢成型[210]。

成都市人民政府在可追溯系统中创新地运用了物联网技术。消费者登录到相关网站并输入产品的追溯码,就可以查询产品的生产过程、物品供应商、动物检验合格证、商户、屠宰场、猪肉提供商、肉品品质、检验时间等。在理论基础上,国内大量学者更多的是结合我国国情来对整个追溯系统进行研究设计[211]。

徐书法等人[212]在生物传感器方面进行探讨,将其运用到食品安全测验里;谢菊芳等人[213]专门设计基于构架的追溯系统,以达到对生鲜产品的全程监控;陆昌华等人[214]设计出适合中国国情的产品安全管理可追溯系统。截至目前,从农场到餐桌的追溯系统一直在具有高附加值的产品上使用。一些发达国家通常将较为先进的电子耳标或者其他手段用于追溯,但由于其所需成本比较高,故这种做法不能很好地符合我国现阶段的国情。与发达国家的做法相比,中国还处于起步阶段,在食品溯源的研究中还有许多的问题要解决。因此,如何在安全有效的前提下追溯生鲜产品的信息,保证正常的成本,就是本书的研究方向。

5.2 猪肉产品可追溯系统研究

5.2.1 可追溯体系概述

近些年在食品行业中不时发生各种各样的质量安全问题。要对相关产品进行有效监控,追溯是一个重要的通道。为了收集供应链上产品在各个环节相关有效的安全信息,追溯系统应运而生。每当发生食品安全事故时,相关部门可以及时有效地对这些问题产品信息进行监管,同时与问题产品有关联的企业也能及时对问题产品进行有效管理和回收处理。因此,如何能使问题产品被及时有效且范围最小化召回成为当前可追溯系统需要突破的难点之一。

中国在当前对生鲜猪肉产品可追溯系统的研究仅限于从生猪的饲养到屠宰加工以及最终猪肉制品的运输、销售中的部分环节,而真正意义上实现全程可追溯体系建立的寥寥无几。其中在生鲜猪肉产品的加工、销售阶段是最容易混入伪劣产品并难以分辨的,容易侵害消费者权益。这样导致的结果就是,即使对产品上游供应链追溯采集的信息再有效也毫无意义。因此,只有对养殖、屠宰加工、运输和销售环节各个阶段的全程跟踪追溯,才可以保证从本质上实现中国追溯体系的完成,提高消费者对生鲜猪肉产品消费的安心和满意程度。因此,在食品追溯领域的首要任务就是建立一个基于物联网技术且符合中国国情的生鲜猪肉安全可追溯体系,其中包括饲养、屠宰、加工、运输及销售等整个供应链。

5.2.2 猪肉产品质量信息的追溯过程

我国虽然已经加大对猪肉产品质量的安全管理,但主要还是侧重于针对某些环节进行严格监控,忽略了猪肉产品供应链中参与者的信息和实物流的关系,所以效果往往不尽如人意。为了消除猪肉产品质量安全的隐患,我们需要对整个猪肉产品的流通过程进行及时的追溯和监控。

猪肉产品质量安全溯源是一个双向的过程。具体而言,针对猪肉食品安全追溯系统,其可追溯过程应包含从养殖到屠宰加工,再从运输直至销售的各个环节。其可追溯路线应包括两个过程:一是向下跟踪,即从养殖场→屠宰加工企业→物流公司→销售企业;二是向上追溯,即从最终购买的猪肉产品出发→销售环节→运输环节→屠宰加工环节→养殖环节,层层向上追溯,直至追溯到问题产生的源头。在具体的应用中有两种实现食品安全管理的方法,如图5.1所示。

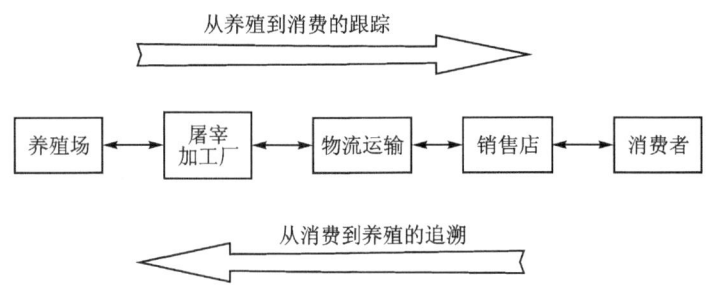

图 5.1 猪肉可追溯体系的追溯方向

向下跟踪是从食品生产基地到终端消费者的食品追踪过程[215]。正向查询的情况是从生猪养殖场到屠宰加工企业、物流公司、销售端再到最终消费者的过程。在这个过程中,当猪肉产品在上游养殖场出现质量安全问题时,依据猪肉产品供应链的流动方向,能够及时地跟踪到问题猪肉产品销售的地点和人群,进而召回问题产品,并进行销毁和避免其带来的危害。

向上追溯方向是从终端消费者到上游生猪养殖场的溯源[215],这种追溯主要应用于当已经出现猪肉产品安全问题后,处于终端的消费者根据食品的条形码信息沿着食品供应链的任意环节向上游来追溯问题食品的源头所在,减小问题产品带来的社会影响。

5.2.3 猪肉产品安全追溯原理

在猪肉产品整个流通过程,涉及养殖场、屠宰加工厂、物流公司和销售企业等环节。当一个生猪养殖场提供的生猪出现质量问题时,问题就有可能是出现在食品的检疫环节,因而可追溯其安全问题源头。而销售平台作为一个生猪流通的集散地,向上连接着生鲜猪肉供应商,向下提供给销售商,起到一个中心枢纽的作用。若是销售平台的食品管理出现问题,而导致某种食品出现安全问题,也可对其他食品的安全问题进行追溯,如图 5.2 所示。本书从猪肉供应链角度出发,通过信息在猪肉供应链中的向上追溯来描述可追溯的基本原理。

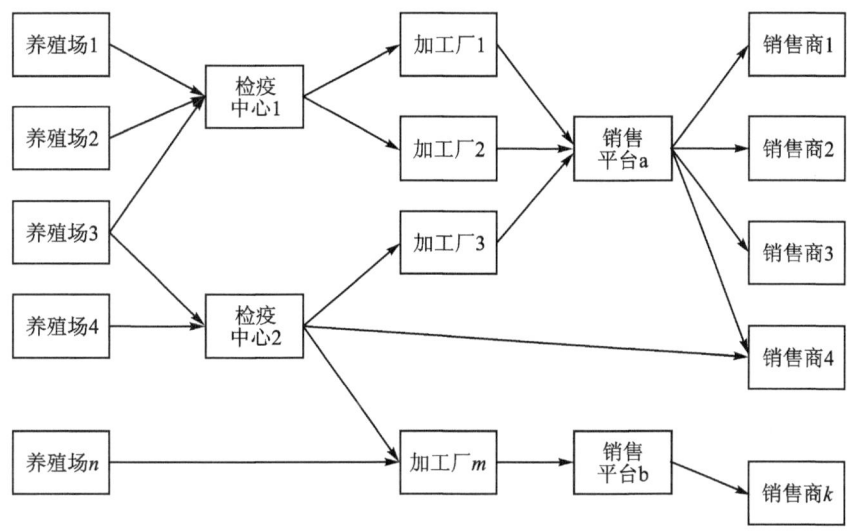

图 5.2 猪肉追溯原理图

假设猪肉供应链末端的销售商 2 在销售过程中发现某品牌猪肉存在质量安全问题或有消费者反映不良状况,先通过判断产生问题的原因,再依照该种猪肉对应附着的可追溯性标识,可追溯到图中的销售平台 a。销售平台 a 可再根据相应标识向上追溯该问题猪肉产品由哪个加工厂和哪个养殖场提供而来。由此步骤,最终可以发现问题产品的根源发生于哪儿,从而完成一个完整的猪肉产品追溯过程。

在猪肉产品可追溯系统中,猪肉信息数据库就是猪肉在生产、屠宰加工、运输及销售过程处理信息的记录。在猪肉追溯过程中,追溯系统可以向上追溯到猪肉产品的整个生产加工管理过程和存储运输环境,向下可以跟踪到问题产品的销售去向,同时实时监控整个生产运输过程,一旦产品出现问题便可及时有效地定位问题所在环节。为此,想要组建一个完整、高效、安全的可追溯系统,一个完备的产品信息数据库必不可少。完备的产品信息数据库应尽可能标准化、规范化处理整个猪肉产品流通过程和猪肉供应链中的所有数据信息。猪肉供应链集成数据库系统如图 5.3 所示。

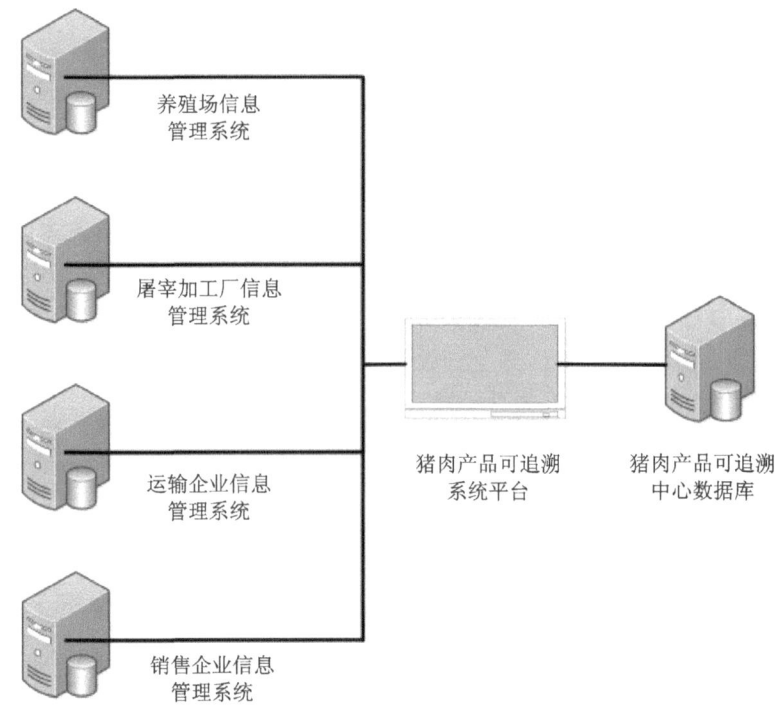

图 5.3 猪肉供应链集成数据库系统

5.2.4 追溯系统模型构建模式分析

1. 我国猪肉产品追溯系统发展现状

目前我国一些地方对猪肉产品可追溯系统的建设重视程度大不相同。对于那些拥有自行养殖规模的大企业，其一般已经具备可追溯系统的基本模式，甚至部分可追溯功能已经投入日常使用当中，但大都仅仅可以追溯到最基本的信息，关于产品在各个环节的具体经历的信息采集并不多，所以说并不能实现完整的追溯过程。而对于大部分中小养殖场，在软硬件设施都缺乏的条件下，更是无从下手，从其养殖到出栏的生猪都无法进行完整追溯。通过对产品追溯系统目前研究现状和存在的主要缺陷进行分析，考虑与追溯体系相关的先进技术相结合，并参考目前全球市面上已经投入使用的追溯体系，本书针对我国猪肉产品供应链的追溯发展现状进行分析，最后提出与目前我国国情较为适配的一种追溯系统模型。

① 我国对有关食品追溯体系的发展计划是近些年才开始的，所以目前仍处在发展的最初阶段。虽然市面上已经出现了猪肉产品追溯系统，但往往都是为满足地区

政府和公司单方面的需求来构建的,而各地区起步时间和追溯对象的需求不完全相同,容易导致兼容性难以满足、追溯信息无法达到系统共用、一个追溯系统只能满足一个地区或一个公司产品信息的追溯的情况,这算不上我们所需要实现的全程可追溯体系。总体来说,我国猪肉产品追溯体系处于"零散无主"的发展状况,没有通用的信息可追溯平台。这不利于猪肉产品追溯系统的发展,并且盲目建设不仅毫无作用,而且浪费资源。

② 我国与可追溯系统密切相关的关键技术也处于不发达水平[216],识别和溯源技术不完善,推广范围不广,质量管理体系不健全,完整的溯源信息不易收集。由于追溯途径的不完善,导致追溯精度不高,想要达到供应链全过程追溯有一定的难度,大部分只是关系到其中一个、两个环节,并没有针对具体食品全产业链进行系统的设计与实现。谢菊芳、陆昌华等人[217]设计了基于 NET 架构的安全猪肉全程可追溯系统,但是对追溯的整个环节设计不全,缺少产品销售阶段的信息处理,导致部分不合格产品可以通过此环节的漏洞进到销售阶段,最终被消费者消费。因此,若在销售环节对产品信息不能严格管理,则之前所有的追溯信息的采集和记录就都没有任何存在的价值了,难以用于农产品的质量安全评价。

③ 近些年,虽然食品问题频发,监管部门认识到对食品问题的监控的重要性,并已经相继出台了部分相关法律,但还不够完善,没有一套完整又标准的规章制度,许多问题处理方式还没有达到法律的层面,导致即使出现相关食品安全问题,事故的造成方也不用被追究法律责任,逍遥法外。这样一来就导致我国食品追溯系统的推广严重受阻,并且由于对食品没有做出安全评判标准,监管部门也很难进行执法。此外,对食品安全追溯系统的宣传和奖励机制不到位,许多小型企业不了解甚至不知道什么是追溯系统。同时,想要构建一套合适的追溯系统需要较高的成本,类似于电子耳标等技术的成本较高,因此想要在产品追溯方面应用相关先进技术,目前还难以实现。

2. 追溯系统模型构建模式

本书针对上述提到的目前我国猪肉产品可追溯体系中存在的问题,结合目前市面上已有的一些追溯系统模型,构建一种适合我国国情的猪肉产品追溯系统模型。

① 澳大利亚目前所使用的肉类跟踪追溯模式——政府出资全面掌控追溯流程的构建模式[218]。以肉牛管理为例,澳大利亚牛肉可追溯系统包括从养殖场到最后消费者的全部流程。追溯系统根据供应链流程可以分为两个主要步骤:第一个步骤是从牛的出生到屠宰加工阶段。澳大利亚政府出资构建中央数据库,并通过互联网来实现国家牲畜认证系统的相关信息采集。电子耳标的设计采用统一编码,任何一只生牛的养殖过程和去向清晰明了地展现在政府中央数据库里。第二个步骤是屠宰加工到最后的销售环节。这种模型很简单明确,基本上是由国家政府出头,独立打造一个集中产品追溯过程的全部数据的大型数据库来存储所有信息,并规定,要保证所

有肉类产业供应链中的产业都参与其中,将各自环节信息一同上传到系统当中,这样,当发生食品安全事故时可以通过该系统来查询相关信息,从而处理问题,如图5.4所示。

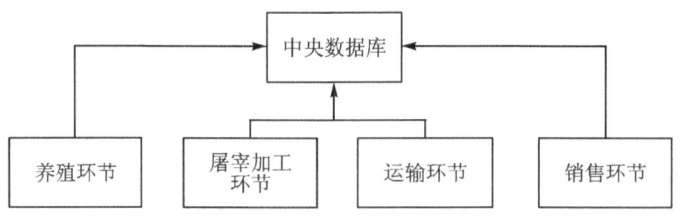

图 5.4　澳大利亚追溯模式

然而像澳大利亚这种以政府为主的模式也存在着某些方面的缺点:第一是所想满足的需求太多,希望在一个追溯体系中就能包含全部的信息,其后果就是可能会无法满足实际的需求,收效不理想;第二是将供应链所有环节的全部追溯信息都存储在一个数据库中可能不利于管理,导致的结果就是在数据安全方面一旦发生事故就会造成巨大影响,关乎到整个国家。此外,在日常对国家数据库进行维护时也很难进行有效合理的分工与合作,出现权责不分的问题,如果不能很好地处理,容易导致功亏一篑的局面出现。这种模式在我国不一定适用,我国人口基数大,所以生猪的数量也比澳大利亚多得多,因此,要存储的信息量更大,并且地域广,人口密度相差也很大,我国的国情决定了我们不能照葫芦画瓢完全依从澳大利亚的追溯体系模式。

② 以法国、丹麦为代表的追溯模式——政府提倡大企业先加入再带动中小企业的运作模式[219]。在这里,政府仍然是追溯体系建立的发起者,但是其要求有实力的大型企业一同加入到追溯体系的建设当中来,当追溯体系发展到一定稳定阶段时,再由大的企业带动或者整合中小企业,一起进入到猪肉产品追溯体系当中,以达到完整状态。在这种模式下,政府不再是独自主管所有流程的数据库了,要求供应链上的参与者都投入到数据库的管理中。这时,政府不再需要独自支撑整个追溯体系的运营,只需保证信息平台的日常工作,同时要建立健全有关法律法规等。

③ 未来发展趋势下的供应链中各个参与商自发形成一体的追溯模式。这种模式下,往往需要一个"带头"企业,即背景雄厚的大型企业,抑或是在供应链上各个企业的相互配合。由于在这种模式下,对追溯系统的构建多是自发形成的,各个企业需要背负更高的费用,所以目前能达到这种构建模式来构建猪肉产业供应链跟踪追溯系统的案例比较少,因此想要达到这种追溯模式还具有一定的挑战性。但是,随着物联网的发展以及相关技术的进步,像区块链技术的应用,这种模式在将来可能会得到很大的重视,因为这样使得信息的安全性和交易的平等性得到大大提高。这里只提出此种模式,不做详细的介绍。

通过以上分析,结合我国目前国情及软硬件技术手段的发展程度,本书建议我国猪肉供应链安全跟踪追溯系统的构建模式采用上述讨论的模式②:政府提倡大企业先加入再带动中小企业运作的模式,如图 5.5 所示。

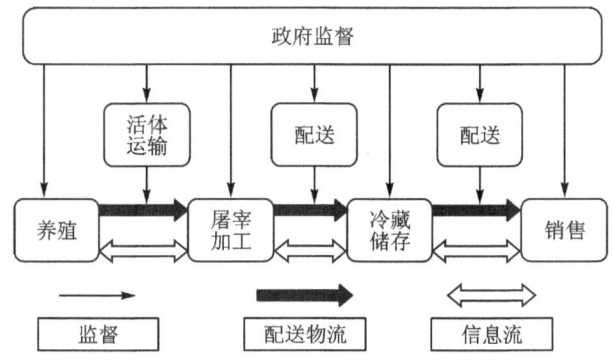

图 5.5 追溯体系模式

在此模式下政府只需要投入一定的资金,同时监督管理各个环节的参与者,当发生食品安全问题时,政府可以出面做主来处理问题。

政府要保证在供应链追溯体系中的各个企业都加入到整个追溯系统的运营中。

屠宰加工企业要起到纽带的作用,保证与其他环节的企业进行联系和沟通。

此外,选取这种模式的好处在于:可以充分结合我国生猪养殖国情和企业发展的形式,利于统一管理。首先,在政府的号召下,部分有实力的大型企业先加入到这种模式的猪肉产品可追溯体系的建设当中,作为先驱和政府一同探索构建追溯体系。当这种模式的追溯体系发展到了一定的成熟阶段时,再由这些大型企业带动或者整合中小企业一同加入其中,完善猪肉产品可追溯体系的搭建,最终实现全国规模的追溯体系建立;此外,这种模式也符合我国猪肉行业的发现趋势,由于目前我国猪肉行业发展不稳定,多是以散养户为主,想要让养猪也规范化,还需要一步步整合小型养殖场和散养户,达到稳定水平。

5.3 猪肉产品安全信息传递研究

猪肉产品安全涉及养殖、加工、流通、消费等众多环节,这又关系到生猪饲养者、消费者和监管者等多个主体,由于各个环节紧密相联且涉及行为主体较多,因此对猪肉产品安全信息的传递形成了制约。从信息经济的角度看,安全信息不对称是造成猪肉产品安全问题的一个关键因素。信息不对称会导致市场出现部分失效,好的机制难以形成,逆向选择与道德风险共存,从而导致猪肉产品质量安全问题的发生。

5.3.1　产品追溯的安全信息的特点

按照信息经济学的分类框架,Nelson 等将商品分为搜寻品、经验品和信任品三种类型[220]。在产品市场中,商品品牌、生产日期、包装规格等经简单的表面观察就能掌握的信息称为搜寻品特征;经验品特征则是在购买之前无法获取的信息,无法判断其质量,在购买后通过消费体验才能获知的信息;信任品特征则是即使商品被消费之后也无法获取的信息,在短期内无法确定商品的成分、对人体是否有害等。商品的这三种信息特征有利于我们梳理在供应者和需求者之间如何传递有关商品质量的信息。

对于猪肉产品安全信息来说,它也具有商品的三种特征。猪肉的品牌、产品的包装、生产日期、新鲜程度等外部特征,其中一部分就是猪肉的质量安全信息,消费者往往可以直接通过感官来判断产品的质量好坏。此外,搜寻品特性信息也可以依靠媒体广告、产品标签说明等形式直接被消费者获取;猪肉的肉质、新鲜程度等质量安全信息则归属于经验品特征,消费者只有在亲自食用猪肉产品后才能获取;对于猪肉产品的营养成分、食品添加物超标与否、含有致病菌与否等信息则属于信任品特征,即便消费食用之后也无法通过自身获取这类信息,恰好这类信息的采集往往需要精密的仪器和手段,从而导致采集成本较高。

5.3.2　产品追溯信息传递不通畅的因素

1. 养殖环节存在的因素

对食品安全可追溯系统的建设,往往根据不同种类的产品设计相应的标识,同时建立产品个体档案来存储相关信息,例如猪肉产品需要创建关于生猪个体的信息档案。在养殖环节,需要的标识包括养殖场标识和个体标识,以保存记录产品质量安全信息。养殖场标识是指养殖动物的养殖场所在的位置和其负责人等相关信息,个体标识则用来对养殖的品种进行分类记录,对象是猪、牛、羊、鸡、鸭等。

此外,收集生产过程中的质量安全信息也存在着挑战。在畜牧类养殖过程中,安全问题主要出在饲料的使用、活体检验检疫等方面。鉴于我国目前的国情,对生猪的养殖还是以大面积的散养为主,再加上受到人力、物力、财力等的制约,想要对这些散养户养殖的生猪进行统一标识和个体档案管理就十分不易,所以建立一套生猪产品可追溯体系面临着很大的挑战。目前,较大规模的养殖企业可能还具有此类信息的采集能力,但对于大多数以散养为主的农户和小型养殖场很难在经济和技术方面达到要求。

大型的生猪养殖企业有自己的一套可追溯系统,养殖过程中的相关信息都实时录入系统,企业可以通过自己的追溯系统对相关信息进行查询,但问题在于这种管理模式下,只有该企业内部工作人员才能操作本套系统。对于出栏的生猪通过个体信息档案可追溯到母系生猪养殖场。但是,由于目前我国还未建立起一个真正有效的国家级的生猪信息数据库,如果想要快速查询有关信息,渠道和方式就很难满足。在中小型的养殖场中,虽然有部分生猪已经佩戴了耳标,但仍没有建立全面完整的养殖数据库,且收集的信息不能在实际可追溯中起到作用。甚至在一些环境卫生条件不达标的养殖场,对生猪没有任何个体信息记录,不佩戴耳标,在出栏后无法获知其去向,毫无追溯性可言。

2. 加工环节存在的因素

在猪产品供应链中,首先面临的问题是屠宰加工厂与养殖场之间的信息连接不通畅,导致之后想要达到全程追溯没有基础条件。首先在生猪进入屠宰加工厂后拿掉了原有的耳标进行新阶段的标识,以实现生猪养殖信息和屠宰后的产品信息之间产生关联。在一些大型屠宰加工厂已开始采用 RFID 设备进行后续的标识,新的标识会在保留养殖环节信息的基础上加入屠宰加工环节的相关信息,这样可以直接通过新的标识来查询本环节及上一环节的相关信息。虽然一些屠宰加工厂会对生猪屠宰过程进行编号标识,但是每个标识往往只能关联到同一批次或同一养殖场的生猪胴体上的编码,不一定会与生猪耳标一一对应。如果再次进行加工,按照同样的编码方式标识,那么最终产品将贴有一个批次的标签,出栏后的生猪和猪肉产品只能追溯到屠宰加工厂的生产线、批次,不能进一步向上追溯到其具体养殖的来源信息。

对于个体经营的屠宰加工厂来说,往往没有条件去配备技术和设备来记录相关信息,导致当生猪进入到屠宰加工厂后无法对其追溯到养殖场,而且由于环境条件不达标,屠宰过程中猪肉的卫生质量得不到保障,加工完成后的猪肉产品也没有附加任何标识,因此从小型屠宰加工厂出来的产品不具有可追溯性。虽然中小型屠宰加工厂生产的猪肉产品都附有该屠宰加工厂或企业的标识,可以达到将产品追溯到该屠宰加工厂的环节,但其他的相关数据却没得到重视,这些信息没有相关数据库来存储,最终消费者也无法获取这些产品的安全信息。大规模的屠宰加工厂有一部分已经形成可追溯制度,但屠宰后胴体和经加工后的猪肉产品标识没有达到统一的标准。虽然屠宰环节具有较全面完整的记录档案,生猪胴体标识可以按照批次追溯到养殖场,但无法实现与生猪个体标识一一对应,只能通过向下跟踪的方法来一一查询生猪个体被送往哪个加工厂,而不能直接利用有效唯一的标识来追溯到胴体对应的生猪个体,从而实现对相关环节或信息的追溯。

(1) 信息单元的分裂与合并情况复杂

猪肉产品从养殖至消费的各个环节中,均面临着个体单元拆分与合并的问题,特别在猪肉的加工环节更加突出[221]。追溯单元一般指的是某次追溯过程中,被看作一个整体的一批可追溯对象。根据产品的特征及其所处的供应链阶段,对追溯单元的划分也因情况而异。这里将对在猪肉供应链中追溯单元发生的拆分与合并的问题来做说明,施晟等人对单元转变的定义主要包含 4 种情况[221]:

① 单元未发生改变。养殖商直接将一批同时养殖出栏的生猪全部交给一个加工厂处理;或者将一头完整的生猪一次性加工成一整套猪肉产品直接进入下个环节。

② 单元分裂。养殖场将同一批出栏的畜禽卖给多个加工厂;或者是一头生猪加工成不同部位的肉,再进入到下个环节。

③ 单元合并。屠宰场将多个养殖场的生猪同时收购回来;或者是将多头生猪的某部分集装成一份产品进入到下个环节。

④ 单元合并和分裂。加工企业通常在前期通过多个养殖场把生猪同时收购回来,经过屠宰后,混合起来,经过多个批次的加工后,再将产品分销出去。

保持各个阶段信息单元的独立,对于食品安全追溯到源头来说非常重要,但由于加工过程普遍存在的信息单元分裂与合并的情况,将造成生猪信息与加工信息无法衔接,使信息传递的质量及效率大大受损。

(2) 加工企业缺乏质量安全信息传递动力

一个完整的产品可追溯系统具有"跟踪"与"追溯"的功能。对于小型食品加工企业而言,由于其经济能力和渠道有限,原材料的采购途径往往受到限制,通常只能将原材料以混合的方式来进行生产加工,如此一来,不同来源的原材料混合在一起生产出一个批次的产品,虽然我们可以通过跟踪(即从上游往下游跟踪)来实现产品流向的记录,但想要对此批产品进行追溯(即从下游往上游追溯)则显得尤为困难。

3. 流通环节存在的因素

运输环节、存储环节和销售环节的信息标识记录是实现猪肉产品可追溯必不可少的条件。在运输阶段,需要收集运输过程当中产生的环境因素信息和产品变化信息,整个运输过程包括了生猪从养殖场到屠宰加工厂的运输、屠宰加工厂到销售点的运输。但是,像猪肉这种冷鲜肉产品在运输阶段对环境温度和湿度等因素有着严格要求,一般需要在冷链环境下存放运输,可是目前我国的食品冷链物流体系并不完善,传统运输方式不足以满足冷鲜肉运输过程的需求,容易感染或传播疫病,使猪肉产品遭受污染发生变质,影响产品的安全质量。此外,即使猪肉产品通过冷链物流形式,让其在运输环节达到适宜条件,但对于如何收集在运输储藏过程中环境的温度、有害细菌等卫生信息又是一大难点,因此造成猪肉产品在运输环节的质量安全信息缺失。

目前在我国市场上运作的猪肉追溯系统中,对运输环节的相关信息记录是在生猪出栏时由养殖场按批次将生猪的运输企业、运输目的地、运输工具、数量及耳标号等相关信息记录备案。首先,检疫检查中心要实施检疫检查,签发检疫证明,并加上检疫标志。然后,当生猪运送到屠宰场时,所有的信息都被传送至此环节。当屠宰加工厂完成猪肉产品的加工后,记录销售批发商、运输企业、运输方式、运输批次等相关信息。这样在追溯运输过程中就产生了问题,因为没有具体关于运输过程的相关信息,当发生食品安全问题时,很难快速查询到是在哪个运输阶段发生了问题。

4. 消费环节存在的因素

信息的采集离不开成本,就目前而言,成本问题是导致消费者无法获取所购买产品的相关信息、无法判断产品质量是否安全的主要原因之一。消费者想要了解产品的养殖、屠宰加工、运输、销售等各环节的相关信息,而收集此类信息就要花费相应的成本,而且对信息要求越精确,花费的成本就相应越高。因此,很多企业出于利润最大化的理念,不肯花费多余成本来采集这些安全信息以提供给消费者查询了解。即使迫于政府或者市场压力,企业不得不在安全信息上有所作为时,所提供的安全信息的真实有效性也难以保证,并且信息的来源消费者是很难通过正常途径查询到的,即使发生了食品安全事故,也会存在修改食品信息的违法操作问题,想要究其责任也无处着手。

如今食品安全事件越来越被人们所重视,确实也有地方政府和有实力的企业构建了食品安全可追溯系统来应对食品安全问题的发生,例如地方政府建立了基于地方的食品安全可追溯网站,企业也专门设计了可追溯的软件用来满足消费者自行查询的要求[222]。虽然这些服务一开始可以提供有效的食品安全信息,但由于没有长期有效的信息公布机制,且在运营过程中由于费用、资源以及操作繁琐等因素,对食品安全信息更新无法满足人们日常生活的需求,导致人们也放弃了这些方法,于是大部分追踪方式都难以为继。

5.3.3 针对猪肉单元追溯过程的信息采集和记录方法

针对上述问题,保证可追溯信息能够在供应链上的各个环节相关联,主要研究对象就是对单个可追溯单元进行跟踪,记录其各个环节的对应关键信息。为了对猪肉产品追溯过程中产生的有关信息进行收集和传递,下面在现在的追溯信息采集方式[223]的基础上,提出猪肉追溯过程的信息采集和记录方法,设计以下几个步骤:

步骤1:对整个供应链进行分析,明确相应环节并对可追溯单元进行划分,确定单元主体。

步骤2:每次发生环节变化时,先记录上个环节的产品可追溯单元唯一标识的ID(也就是下文所说的发出单元),包括其成分和质量等信息。如果接收单元已经被标识且是唯一的,那么此环节直接选用该ID继续作为追溯标识(如生猪从养殖场运往屠宰加工厂待宰前的转换,单元主体仍是生猪个体);若是接收单元未标识唯一的ID,则需要按照统一的标识方式来对此次变化产生的新追溯单元给出新的唯一标识的ID,同时接收发出单元的信息并记录该环节可追溯单元产生的新信息。

步骤3:在加工环节中,按照步骤2先确定接收单元的ID。此步骤主要是对追溯系统中的追溯单元ID与现实中的生产批次号保持对应,并且保证单元ID与按照GS1设计的追溯码唯一对应。因为追溯单元ID只是我们为了方便在不同环节导致单元发生变化时可以追溯到其原来的单元的方向,并不代表着实际加工操作环节中的追溯码。在单元发生变化的过程中,附加上单元占比和实际猪肉产品的重量。如此一来,实现了加工环节向上的追溯。

图5.6~图5.9形象地表示了产品单元各种变化下信息传递的原理,例如,图5.8展示了猪肉产品可追溯单元的转化过程,ID为24代表的猪肉产品可追溯单元是由整个ID为13代表的猪肉产品可追溯单元和一部分ID为14代表的猪肉产品可追溯单元组成的。

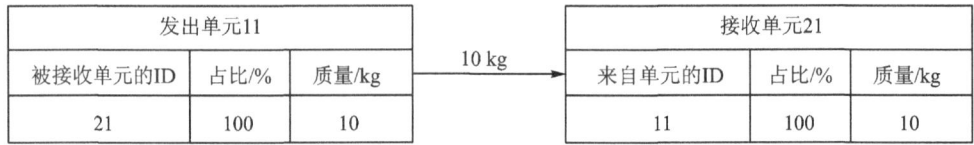

图5.6 单元未发生变化的流通关系图

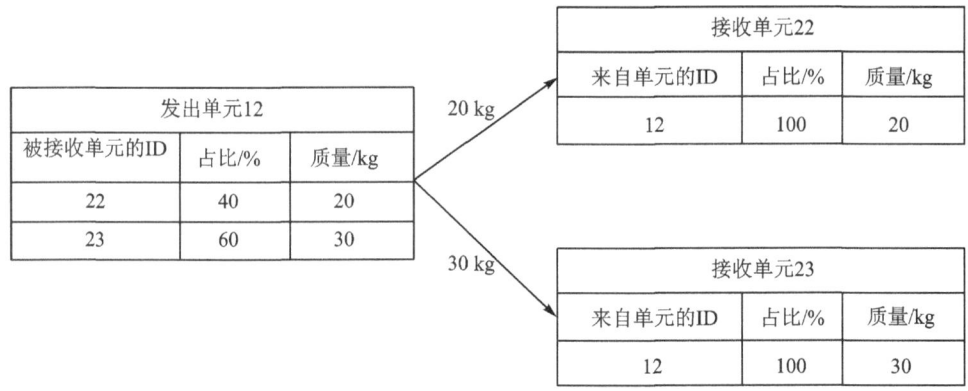

图5.7 单元分裂变化的流通关系图

5.3.4 猪肉追溯系统信息传递的数学模型

可追溯单元是整个猪肉供应链跟踪与追溯的研究对象。本书基于李敏波等提出的物品追踪与溯源模型[224],建立了一个基于猪肉屠宰、运输、销售等多环节追踪与追溯的模型。将猪肉产品可追溯单元定义为 $S=(S_1,S_2,S_3,\cdots,S_N)$,在猪肉产品

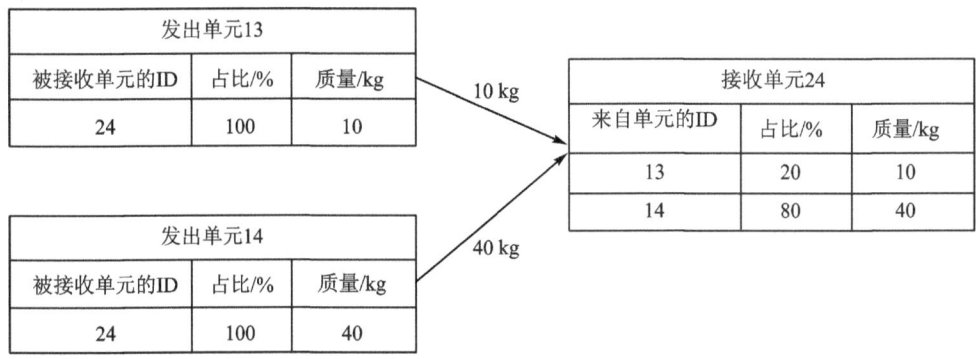

图 5.8 单元合并变化的流通关系图

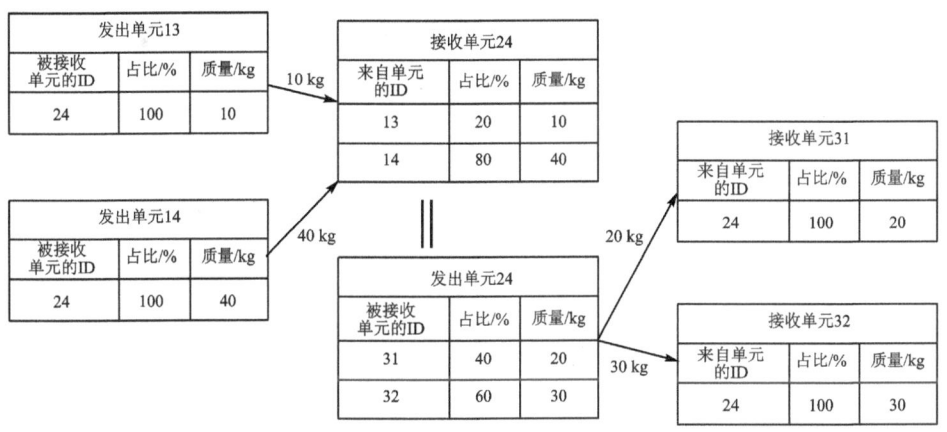

图 5.9 单元合并又分裂变化的流通关系图

追溯体系中,生猪或者一块加工的猪肉就可以作为一个可追溯单元;Id(S)表示追溯单元的标识码——ID;$Mat_t(S)$表示追溯单元的属性信息;Infor(S)表示质量跟踪和追溯过程中的关键信息;$T(S)$表示追溯单元交换信息的时间;Loc(S)表示追溯单元的位置信息;$Unit_t(S)$表示操作员的编码(或者是其他可以唯一标识该操作员的信息)。具体公式如下:

$$P_t(S) = \left\{\sum Mat_t(S), Id(S), Infor(S), T(S), Loc(S), Unit_t(S)\right\} \quad (5.1)$$

具体转变过程如图 5.10 所示。在生猪养殖环节,生猪作为该环节划分的可追溯单元,需要进行检疫,所以把该单元定义为 S_1,而 $P_t(S_1)$ 则代表着该单元在此环节的追溯信息,实现一一对应。当生猪进入屠宰场环节中,在未屠宰前,我们还是将猪个体作为追溯的单元,其对应的 $P_t(S_2)$ 则代表着该单元在屠宰前的追溯信息。当生猪进行屠宰时,这里一头生猪被切割为两个部分,我们就把它作为此环节的追溯单元,$P_t(S_3)$ 则代表这两个部分的信息。当猪肉产品需要进行再加工时,假设将其设计为切割成 4 块,那么 $P_t(S_4)$ 就代表着这 4 块猪肉产品单元追溯的信息。如果还需要进行加工处理,也可以按照相同道理继续进行处理,则下一步的追溯信息就用 $P_t(S_5)$ 来表示。当完成所有加工后,如需把猪肉产品进行存储,则用 $P_t(S_6)$ 来代表该环节具体的追溯信息。表 5.1 详细展示了上述整个流程追溯单元的变化过程。

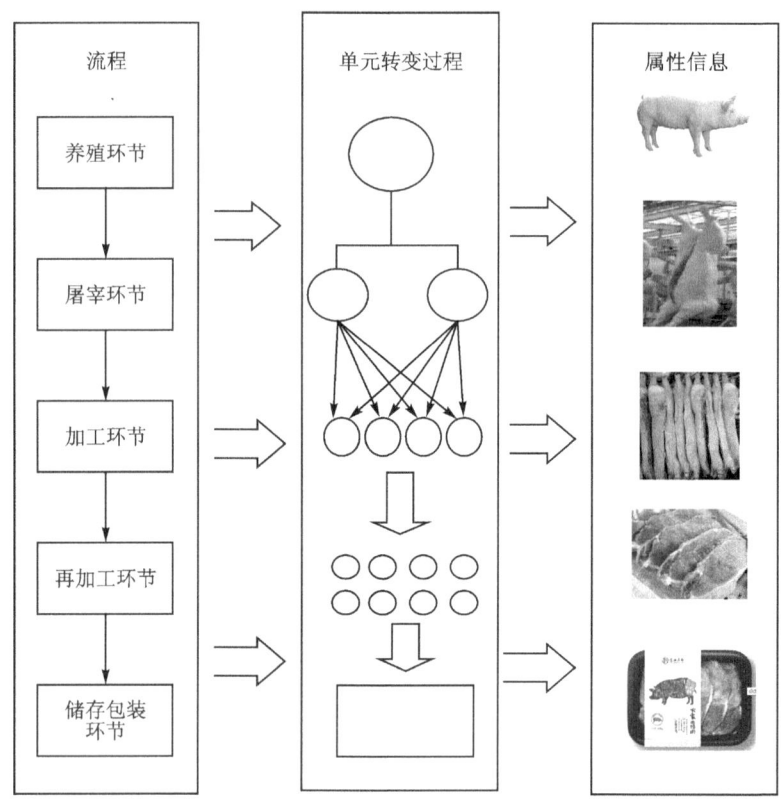

图 5.10 猪肉产品可追溯单元转变过程

表 5.1 猪肉产品追溯单元转变实例

环节	$Mat_t(S)$	$Id(S)$	$Loc(S)$	$Infor(S)$	$T(S)$	$Unit_t(S)$
$P_t(S_1)$	生猪个体	a11	养殖场	养殖、身体信息等	T_1	养殖人员
$P_t(S_2)$	生猪个体	a11	检疫中心	待宰状态检查	T_2	检疫人员
$P_t(S_3)$	2 块猪肉酮体	a21	屠宰厂	猪肉酮体信息	T_3	屠宰人员
$P_t(S_4)$	被切割成 4 块的猪肉产品	a31	加工厂	猪肉产品信息	T_4	产品加工人员
$P_t(S_5)$	被切割成 8 块的猪肉产品	a41	加工厂	猪肉产品信息	T_5	产品加工人员
$P_t(S_6)$	加工完成的猪肉产品	a51	储藏室	价格、重量、品牌名	T_6	包装人员

当生猪被转移到屠宰加工厂时,操作员需要从附着在生猪身上的耳标里读取其相关信息的数据,然后将读取的数据传递到被加工完成后的猪肉块的RFID标签中(这里以每次切割为二的例子作说明),这是第一步。接着继续将生猪屠宰加工完后,其由猪个体变为2块猪胴体,将这2块加工完后猪肉上附着对应的2个RFID标签来进行标记,这样RFID的猪肉相关信息就可以随着标签一同到达后面的环境。以此类推,如需要把2块猪胴体进行再加工,则需要将其父类数据传递到另外4个标签中做存储。在对猪肉进行其他加工环节时,同理对其数据进行传递,只需将在此环节下新出现的信息进行更新。通过如此紧密衔接的操作,加工环节的可追溯信息都被完整地记录和存储,并且有效地传递到下一环节,加工完成后的产品可追溯信息也得以进入到销售环节。最后,在猪肉产品的外包装上将带有包含之前步骤的所有信息的标签。可追溯性单元的转换和信息传递的过程概述如下:

$P_t(S_1)$是整个流程的开始环节,也就是养殖环节。S_1表示整个流程中的第一个追溯单元,一般情况下是以个体生猪为单元,其养殖生长信息记录在其对应的耳标中;当$P_t(S_1)$转变为$P_t(S_2)$时,对应着生猪被运到屠宰加工厂,此时生猪信息中加入了检验信息;在屠宰过程中,$P_t(S_2)$转变为$P_t(S_3)$,此时追溯单元发生改变,由生猪变为猪肉胴体,其信息将以标签的形式传递到切割完成后的2块胴体中;接着$P_t(S_3)$转变为$P_t(S_4)$表示加工环节,追溯单元在此发生改变,由2块猪肉胴体S_3加工成4块猪肉产品S_4,信息也随着单元变化传递到S_4部分;同理重复$P_t(S_3)$转变为$P_t(S_4)$的过程,在经过多次加工后到达最终产品,其信息也跟随实体单元一同传递到最后环节,并且每经过一个环节就会进行一次更新,最后在包装环节,标签上就存储着关于猪肉所有的追溯信息。这样一来,追溯信息将清晰明了。

5.4 跟踪追溯系统信息编码分析与标识设计

5.4.1 产品追溯码概述

对某个产品进行追溯首先要明确能代表其本身信息的编码,也就是产品的追溯码,构建追溯码就可以对产品进行跟踪识别,通过追溯码能够简单快速地运用数据库来查找有关信息。在供应链下游的销售环节往往在产品上都附带该产品的追溯码,消费者可以通过查询追溯码来获取该产品的相关追溯信息。想要一个追溯系统有效,追溯编码是不可或缺的。本书将对猪肉产品追溯系统编码规则进行规定,力争实现让编码规则符合国际编码规则,便于今后使用。想要获得产品信息追溯的完整结果,一个高效简便的追溯码是必不可少的[208]。要成为产品信息的载体,追溯码要保证唯一性,生产商、生产日期、保质期等也要符合 GS1(Globe Standard 1,全球统一标识系统)编码规则和生成方法[225]。

5.4.2 编码载体分析

想让猪肉可追溯体系被市场顺利接纳和推广,必须要在选用标识方法上获得统一认可,也就是编码载体的选取要合适。目前市场上流行的猪肉标识主要包括条形码、塑料耳标、电子耳标等。只有设计一套完整、统一、相互兼容的编码体系,才能为猪肉产品可追溯系统的推广打好基础。而对于追溯码载体的选择主要考虑以下几个方面:

① 方便性。标识工具使用起来应快速简便,能够高效地读取信息十分关键,并且对于不同操作系统也需要有兼容性。

② 持久性。要考虑到易读数据的持久性。

③ 安全性。要求标识的选用对动物本身健康与安全没有不良影响,另外在包装过程中,标识材料也不会对产品造成污染。

④ 费用问题是推广标识的关键,取决于支出-收益的平衡。

目前我国养猪业基本以散养为主,面临的首要问题就是标识手段选用的费用。根据我国养殖业经济发展状况,每次猪肉产品价格的浮动都影响着我国猪产业的发展,当猪肉产品销售价格高时,生产企业可能仍会去采用较好的先进技术进行生产;但是,一旦在一次生产过程中,生产商连这次生产过程产生的费用成本都不能收回,那么去选择使用费用较高的技术,显得不太切合实际,所以一维条码是最具经营风险防范的功能的,也是目前最符合我国现阶段生猪产业环境的较好的选择,能够很好地保证价格波动和食品安全的稳定关系。所以市面上对生猪的标识广泛采用塑料耳标和条形码相结合的方式,想要普遍推广电子标识还有一定的困难。

凭借价格低廉,读取也较容易的特点,塑料耳标和条形码相结合的方式能被广泛应用,但缺点在于相比电子耳标,使用起来比较笨拙,需要人工操作,并且塑料耳标极易被磨损、破坏掉,常常导致标识读取障碍。此外,在生猪到达屠宰环节时,难以保证屠宰后胴体与原生猪个体之间的追溯管理。虽然电子耳标容易读取信息[226],便于操作,但电子标识的成本较高,一般在养殖场难以推广,并且对设备的要求及对操作人员的技术要求都比较高。因此,各种标识手段都各具优缺点,从目前我国发展阶段的国情和中国养猪业发展经济情况角度考虑,想要让电子标识技术全面覆盖养殖行业,还有相关的经济问题待解决。综合各方面的因素考虑,本书所述系统采用的是耳标和条形码相结合的标识方法。

5.4.3 电子标签编码在各环节的设计

GS1 拥有一套全球跨行业的产品、运输单元、位置、服务等的标识标准体系以及信息交换标准体系,使产品在全世界范围内均能被扫描与识读[227]。它集成了自动数据采集、电子数据交换、全球产品分类、全球数据同步、产品电子代码(EPC)和其他技术,如条形码和 RFID。在开放式物流供应链标准体系中,它提供了可追溯的解决方案,帮助企业遵守国际食品安全法规,实现食品消费安全。该系统由国际商品编码协会(GS1)制定和管理。目前,它已广泛应用于世界 145 个国家和地区的贸易、物流、电子商务、电子政务等领域,尤其是生活必需品、食品、医药等领域。它已经成为一种全球性的商业语言[228]。该体系也可以实现中国的食品编码中心在食品安全领域的可追溯性。GS1 编码体系是 GS1 系统的核心内容[229],本书使用 GS1 编码来对猪肉产品进行标识,用来实现对猪肉产品供应链的追溯。目前根据国际物品编码协会的规定,将追溯功能同实现技术以及 GS1 编码相结合[230],对猪肉可追溯产品进行唯一性识,该编码体系在目前使用当中有 128 个应用标识符(AI)被广泛接受。表 5.2 是产品追溯常用的标识符及数据结构。

表 5.2 追溯体系中常用的标识符

应用标识符 AI	数据段含义	数据名称	格 式
00	系列货运包装箱代码	SSCC	n2+n1S8
01	全球贸易项目代码	GTIN	n2+n14
02	物流单元内贸易项目代码	CONTENT	n2+n14
10	批次、批号	BATCH	n2+an+…+20
11	生产日期	PROD DATE	n2+n6
13	包装日期	PARK DATE	n2+n6
251	源实体参考代码	REF. TO SOURCE	n2+an+…+30

注:a 为字母字符;n 为数字字符;an 为数字字母字符。

本书中重点使用表 5.2 中的 AI(01)、AI(10)以及 AI(251)。AI(01)用来标识我国厂商代码,如生猪的屠宰厂商。其编码格式一般用 14 位数字来表示:贸易项目类别+ 国家(地区)前缀码+产品生产厂商代码+商品项目代码+校验码。AI(10)在系统中作为生产批次码使用,批次码信息可包括贸易项目本身或其所包含的项目。根据 GS1 的数据结构要求,在 20 位的可变范围内进行编码,保证其与全球贸易项目代码一同使用。AI(251)为生猪个体代码,使用该应用标识编码数据能够对由该生猪加工而来的产品实现追溯,如果发现其出现安全问题,则回收处理与该生猪有关的加工生产的全部产品。具体采用的代码将在可变长度允许的范围内进行选择,最长

30位,应与全球贸易项目代码一同使用,具体所选择的代码将在下节进行讨论。此外,本书引用了的相关标识来完善猪肉产品追溯系统的数据编码形式[208]。

1. 生猪耳标编码设计

在生猪的养殖环节的标识主要是对生猪个体附着耳标来实现,耳标号则由畜牧局统一规定,然后按照养殖场唯一分配。由于条形码技术所需费用低廉,容易操作,可以有效地标识供应链的每一个环节,其凭借自身的优势已被广泛应用于牛肉、猪肉等生鲜肉类产品的追溯系统中。但是一维条形码尺寸相对较大,内存较少,大约只3个字符左右,并且没有容错能力,一旦条形码本身受到磨损或污染等,将会影响其读取信息的准确性。此外,由于其编码系统相对简单,容易被非法分子获取和伪造。二维码属于电子标识范畴,它具有高密度编码和大的信息容量。与普通一维条形码相比,二维码的信息容量要高出数倍,同时提高了身份标识自动获取能力。但二维码也有局限性,易受光线明暗、污染物等物理影响。因此,根据两种码的特点,结合耳标的规模大小,这里选择塑料耳标和二维码组合的方式更为适合。具体生猪耳标式样如图 5.11 所示。但是在屠宰加工之后的环节由于不再需要用耳标进行标识,还是选择一维条形码的方式,以便更好地依靠人为识别的方式进行追溯信息查询。

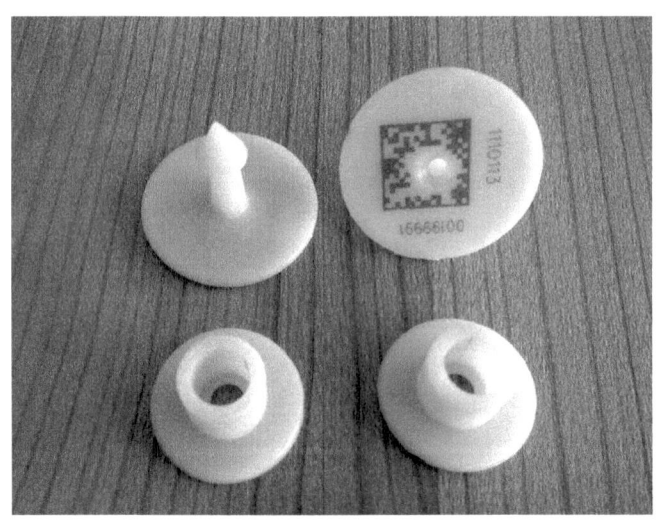

图 5.11 生猪耳标

生猪耳标编码由两部分组成。第一部分是 1******,其中的 6 个"*"号代表该生猪生长的地区行政代码,只要通过网络查询某地的行政代码,就可以获取该生猪归属地的信息。由于只有当地耳标管理人员才有权对生猪耳标领取人信息进行相关查询,如果想了解该生猪的耳标到底具体是由哪个人领取的,只能通过该渠道去获取信息。第二部分则代表耳标的顺序号,代表该生猪个体的一个排序号。

2. 生猪运输阶段的标识

在运输环节中,将该环节的标识表示成:(01)运输企业厂商识别码+猪源实体代码。依照表5.2所列的阶段标识和格式规定,可以得到以下示例:(01)69320061(251)110004800000228,即耳标号为110004800000228的生猪已经进入了由北京顺丰公司进行运输的阶段。具体标签样式如图5.12所示。

图5.12 生猪运输后的追溯标签

3. 屠宰加工阶段的标识

本环节分为对生猪个体的屠宰(解剖)和对屠宰后猪肉胴体的加工两个部分。首先生猪在进入屠宰环节后,对生猪个体的标识还是按照养殖环节的格式,但是一旦进入屠宰阶段,追溯单元往往变成了猪肉产品而不再是一头生猪个体,所以耳标在该阶段将失去作用,因此需要对经过屠宰之后的生猪胴体进行新的编码来作为此阶段的标识,而且在设计新编码时要保证该编码和生猪的RFID耳标标识一一对应。本阶段的标识格式为(01)屠宰厂商识别码+(251)耳标号+(10)屠宰批号。其中屠宰日期+屠宰批次=屠宰批号。这里将以双汇集团为例,在屠宰环节产生的追溯码为(01)6902890(251)110004800000228(10)201712110051,说明:厂商识别码为6902890——河南省漯河市双汇实业集团有限责任公司(简称:双汇集团),2017年12月11日屠宰,批次为0051,已经完成屠宰阶段,如图5.13所示。

图5.13 生猪屠宰后的追溯标签

生猪被屠宰成猪肉胴体后,通常需要进行再次加工。结合上述追溯码,当猪胴体被加工成多批猪肉产品时,其标识所对应的格式为(01)厂商识别码+(251)耳标号+(10)生产批号。其中加工日期+屠宰批次+工作线组=生产批号。其中工作线组为可选项,根据企业自身的要求可做灵活调整。同样针对上一环节猪胴体,假设直接在双汇集团进行加工,加工组号为005t,其追溯码可以表示为(01)6902890(251)110004800000228(10)201712110051005t,如图5.14所示。

图 5.14 猪肉胴体加工后的追溯标签

4. 销售阶段的标识

在猪肉最终的销售环节中,追溯码可以表示为(01)6907777(251)110004800000228(10)201712110051005t,即为整个过程的追溯码,表示该产品由沃尔玛公司进行销售。考虑到在猪肉产品的加工环节中的各种较为繁琐的操作,我们可以按照从养殖场到屠宰加工厂过程用耳标来对生猪个体信息进行追溯;当生猪个体进入屠宰加工环节后,追溯单元由猪肉个体变为猪肉产品后,就按照环节批次编码来进行追溯,放弃耳标的标识。由于批次和耳标号可以达到相对应,所以消费者通过猪肉产品的追溯码可以追溯到该产品所有环节而得到全部信息,并且最终查到养殖场的相关信息,具体如图 5.15 所示。

图 5.15 销售阶段最终追溯码

5. 追溯码的打印

追溯码往往是在最终的销售环节由销售商对猪肉产品进行标识,一般附着在猪肉产品上,消费者可以通过对追溯码的查询获取其对应的相关信息,一旦出现食品安全事故,可以通过对该追溯码的查询来确认与该产品有关的所有产品信息,并及时处理。这里关于最后阶段销售码的选择,本书提出两种方法:采用 CODE128 和 EAN-13 编码。CODE128 编码是应用最广泛的条形码系统之一。它普遍运用于企业内部管理、生产过程、物流控制系统的条形码系统中。它以其突出的特点,在管理信息系统的设计中得到了广泛的应用。示例如图 5.14 所示。这样格式的追溯码便于观察理解,通俗易懂,并且按照 GS1 编码的规则进行设计,有一定的规范性,对于今后对追溯系统优化和完善可以起到一定的辅助作用。

采用 CODE128 编码作为最终的追溯码的好处在于,可以直接查询到产品的相关信息,简单明了,有一定阅读能力的普通消费者直接通过追溯码就能获取部分信息;但缺点在于由于编码的格式过长,不利于生产或者附着在猪肉产品上进行产品出售。另外,由于目前销售环节多是采用统一格式,如果使用此追溯码作为最终环节的销售码可能需要另外的设备进行扫描销售。

EAN-13编码目前往往还是使用在日常销售过程中,当加工完成后的猪肉产品被运输到销售点时,销售商会一改之前的条形码,设计出符合自己销售情况的条形码信息,但会保障之前的所有信息都准确无误地传递到新的条形码之中。当消费者购买产品时可以直接通过条形码进行查询,获得产品销售信息,再通过销售环节的信息数据库连接到追溯信息系统,实现追溯信息查询。当销售猪肉产品的条形码是采取 EAN-13 编码时,其编码如图 5.16 所示。

图 5.16　EAN-13 码最终追溯码

采用该种编码的好处就是符合国际化和标准化的产品销售编码模式,在一般商品的销售阶段多是采用 EAN-13 的编码格式,只需要统一的设备就能进行销售;缺点在于消费者还需要通过其他通道进行信息查询,不能一步获取相关信息。

5.5　区块链技术在可追溯体系中的应用

5.5.1　区块链概述

区块链技术起源于 2008 年发表的论文《比特币:一种点对点电子现金系统》,其创始人是 Satoshi Nakamoto,化名为"中本聪"[231]。区块链是一种新型的去中心化基础设施和分布式计算模式,随着比特币等数字加密货币的日益普及,其逐渐兴起,是用于构建区块链网络和信息加密的基本技术。目前,区块链所面临的主要问题是,在去中心化和去信任化的环境下去保证区块链上各个参与节点之间达成共识。区块链(Block-Chain),也称为分布式总账技术,指的是运用去中心化和去信任的形式集体共同维护一个可靠数据库的技术。在区块链中,所有节点都拥有整个链上的信息交流数据[232]。由于区块链采用分布式存储的方式,所以链上的每一个参与节点只是作为整个链上的组成成分参与到区块链的运行当中,但每个参与节点都存储着相同的完整交易信息来保证安全性,如果仅仅破坏区块链上某些参与节点,对于一个完整的区块链无法影响到其数据的更新。另一方面,区块链有着不可篡改的运行机制。在理论基础上,一个完整全覆盖的区块链中,只有掌握并控制 51% 及以上的节点,才能保证可以修改系统上的数据信息;也就是说,只有当整个区块链中有 51% 的节点一同改变时,才有可能对数据进行修改,否则单独对链上的一些信息记录进行修改将没有任何的意义[233]。另外,由于在区块链中再没有中心化信任机构,这样就省去了中心化机构的运作时间和费用,同时减少了部分操作环节交易,使得效率也得到很大的提高。

从技术层面来说[234],区块链并非单纯的一种技术,它是由多种技术整合在一起的。目前官方认为,区块链的集成包括以下几个关键技术:① P2P(Peer-To-Peer,点对点)网络技术;② 分布式账本技术;③ 非对称加密技术;④ 共识机制技术;⑤ 智能合约技术。这些技术相互以新的组合方式结合在一起,从而实现用一种新的方式来记录、存储和表达数据。在区块链技术中往往使用加密算法和数字签名来解决信息安全问题。虽然交易信息可以被整个链上的所有用户查看,但是想要获取其他用户的私人信息是实现不了的,因为普通的用户是不能擅自对其他用户信息进行查看的。

5.5.2 区块链技术对追溯体系的意义

由于信息不对称、产品信息跟踪难、产品从生产到销售过程中的防伪,传统技术难以保证信息的互联互通。在生产和销售的各个环节中,产品信息真空环节很容易出现。区块链技术可以保证存储在其上面发生的所有交易信息,并且信息数据有较高的安全性。因此,如果将区块链技术应用到供应链上的追溯环节,则可以保证追溯产品信息的有效和透明性,能够快速推动可追溯体系的发展和改善消费环境。目前,区块链技术在产品信息追溯方面还是用来追溯产品的信息记录。生产信息、物流信息和交易信息被存储在区块链中,不仅可以完全保存信息,而且很难被篡改。它可以从根本上解决区块链中产品的信息跟踪和篡改问题。鉴于此,结合区块链相关特性,可以很好地解决一系列问题。首先,区块链灵活性的特点可以提高参与者的积极性。联盟式区块链的分布式分类系统主要由国家政府部门和大型企业建立。其次,依靠区块链技术可以使得供应链中的有关企业积极有效地相互信任,由于将信息数据记录在区块中可以保证其能够不被轻易地篡改,从而减少了信息的不对称性。处理好相关信息问题也保证了区块链的运行效率得到相应的提升。此外,当供应链运作出现纠纷时,责权双方也变得简洁明了。在这种体系背景下,各方参与主体共同来维护产品质量追溯系统中产生的交易信息,在完成供应链各参与方共建数据库的同时,消除了遭受病毒感染中心化管理系统或者对中心数据库造假的不利影响。最后,通过去中心化的方式处理农产品物联网技术难题。未来农产品物联网的信息收集模块数将达到几十亿的数量统计,中心平台集中管理节点和数据很难满足与物联网节点信息数据交换的要求。在应用区块链技术后,物联网模块通过设置内置芯片的方法完成加密算法、分布式台账和共识信任等机制,从而将物联网采集的农产品信息直接写入数据块并重新记录进入整个追溯体系中,省去了中心角色对数据进行审核的过程[235]。

5.5.3 基于区块链的可追溯模式

根据上文对可追溯体系的介绍以及对区块链的特征概述,在此基础上提出基于区块链技术的供应链追溯模型。在此模型中交易主体分别作为区块链中各个节点,这里我们将这些节点认证为供应链中各个环节的交易主体,包括养殖商、加工商、物流企业、销售商、消费者等。各个节点发生交易所产生的信息和历史信息都不可被篡改,且这些节点分别由不同的人占有;在发生新的交易时,各节点会将交易信息加入到区块当中并加以验证,由此产生的所有交易信息都记录到各个节点中并可以展现出来。如果想要对交易产品进行追溯,各个节点只需要对自己记录的信息进行查询即可。

图 5.17 为基于区块链的产品信息可追溯模型。首先,整个可追溯系统得到了大型物联网技术的支持。销售平台依赖于自身在供应链中的优势地位和强大的数据处理能力来建立产品信息链系统,并在块系统的维护中起着关键的作用。其次,养殖企业、屠宰加工企业、物流企业、销售商等作为区块链中的节点纷纷参与到区块链当中,实时有效地将各自环节的关键信息收集起来,一同输送到区块链之中,而这些信息存储在区块链中将会非常安全且可防篡改,当消费者想对其进行追溯时,直接查询产品

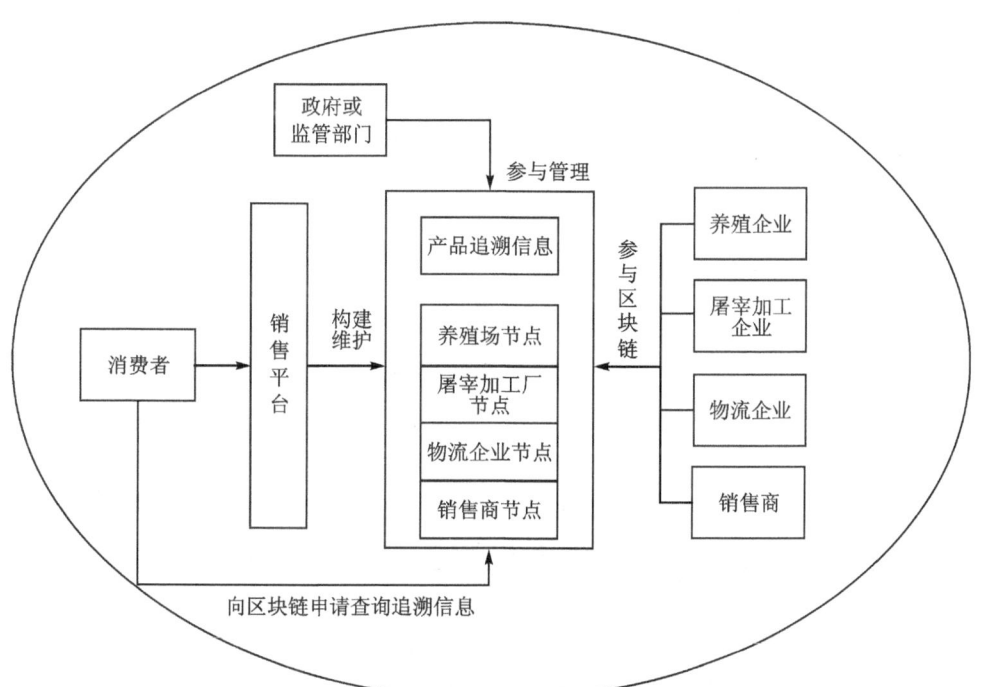

图 5.17 基于区块链的产品信息可追溯模型

的可追溯性代码和访问数据即可获得真实有效的相关产品信息[236]。此外,通过提高消费者和生产者的道德素养和法律素养,以及政府和相关部门加大对区块链的整合管理,可以保障产品信息追溯系统的实施。

图 5.18 显示了在以销售平台为主导建立的产品信息追溯系统中,猪肉产品的信息追踪与产品真实性验证过程模型中的每个事务主体都参与了产品信息认证过程[237]。该模型充分利用物联网和区块链技术的优势,实现了技术上的优势互补。物联网可以快速记录传递生猪信息以及屠宰加工、运输和交易等各环节的信息,并及时反馈给区块链,以确保原始数据的真实性。而区块链的分布式存储结构、区块的链式连接又保证了数据的可溯源及防篡改特性。

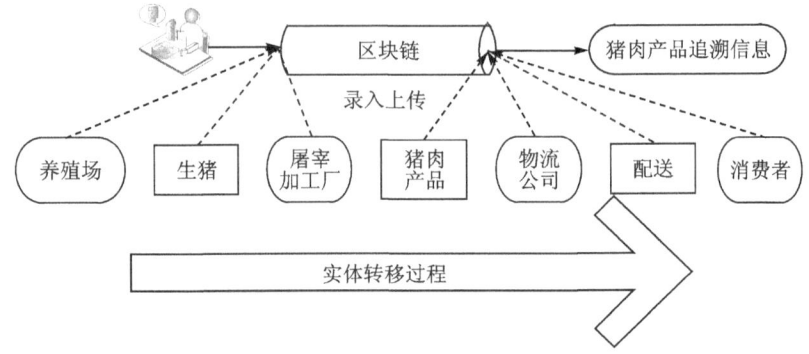

图 5.18 基于区块链猪肉产品追溯流程

采用这样的模型,既可为消费者获取商品信息的真实性提供保障,也可减少在普通的追溯体系中信息不对称的问题[238],并且为未来猪肉产品可追溯系统的发展提供了较好的参考基础。

5.6 小 结

本章对食品质量追溯的理论依据进行了回顾,以猪肉产品为例,阐述了猪肉产品可追溯系统的工作原理,提出适合我国国情的追溯体系,并结合关键技术完善追溯体系,具体研究了以下几个方面:

① 通过对国内外相关跟踪追溯信息系统研究现状的介绍,提出了建设猪肉供应链安全跟踪追溯系统的必要性。根据目前已出现追溯系统的特点,以及我国猪肉产业供应链的实际发展情况,选择适合我国猪肉供应链安全跟踪追溯系统模型,即以政府投资为主、企业为参与主体这一追溯模式。

② 提出对猪肉产品供应链上的信息流进行标准化,并将可追溯单元作为流通中的追溯对象,对这些可追溯单元建立了农产品质量追溯信息传递的数学模型,研究了可追溯单元及其追溯编码的转换过程。

③ 对系统的编码进行了分析和设计,结合 GS1 编码体系,本系统应采用"二维耳标+条形码"这一标识方式,并对追溯码在各个环节的信息结构进行了详细的设计,实现产品与追溯一一对应的目标。

④ 结合当前热门的区块链技术,对区块链技术进行简要的介绍,分析其安全性、真实性、不可篡改性的特点,说明其对可追溯系统的意义,并将其运用到可追溯体系当中,提出了基于区块链的猪肉产品追溯体系。

第6章 总　结

　　本书系统回顾了供应链及供应链风险的相关理论依据,从供应链风险角度出发,对供应链中的产品质量安全、需求环境、物流配送、供应链全流程追溯四方面的风险问题进行深入的研究,以具体行业具体案例为依据,针对各环节中所存在的风险问题提出对应的解决方案。具体研究结果包括以下四个方面:

　　① 针对食品安全风险问题,依据 RASFF 每年的报告数据,以欧盟内部 RASFF 系统中食品安全风险等级建立神经网络,对我国将要出口欧盟的食品进行风险预测,在报告大数据中挖掘出丰富的、深层次的出口食品安全信息,充分利用这些有用信息,为我国检验检疫监管模式提供良好的决策依据,及时发现风险在哪儿,及时处置风险,并有效利用、不断改进共享方式,丰富共享内容,扩大共享范围,充分发挥风险预测信息共享的作用。

　　② 针对供应链中需求预测的风险问题,通过对生鲜农产品物流需求相关影响因素进行具体分析,从我国区域性市场经济增长水平、产业结构、人口发展水平、社会固定资产投入、区域交通运输状况、产品供给、冷链运输状况七个维度出发建立生鲜农产品冷链物流需求预测指标体系,并利用灰色关联分析法对选定的指标进行筛选与分析,在此基础上从线性相关及非线性相关两个角度建立主成分回归及 PCA - BP 神经网络模型,并建立基于 Shapley 值法的组合模型,完成需求预测模型的构建。对北京市目前的生鲜产品冷链物流发展现状进行分析,以北京市生鲜农产品冷链物流各年的相关指标资料数据进行实证研究,代入所建立的组合预测模型进行求解,通过与不同权值确定法建立的组合模型、各单一预测模型的预测误差进行对比,验证了所建立的组合预测模型的有效性。

　　③ 针对供应链物流配送的风险问题,通过将加速因子与惯性权重相关联,提出一种改进加速因子和随机数的粒子群算法。通过仿真实验,表明该方法在避免算法

前期局部收敛和提高后期算法收敛精度及速度方面都有良好的效果。最后将该算法应用到改进的物流配送路径问题中,并通过编写MATLAB程序进行仿真实验,通过比较基本粒子群算法和改进粒子群算法的运行结果,验证了改进后算法的效率更高,是一种解决物流配送路径问题的高效、有效方法。

  ④ 针对流程复杂、环节独立、难以做到信息流全链条监控的供应链风险问题,以中国猪肉产品供应链为例,结合我国猪肉供应链跟踪追溯系统的信息编码标准化程度低、信息传递不通畅、不能实现全过程监控、系统普及率低及实用性差等问题,对猪肉供应链安全跟踪追溯系统构建进行研究,建立现代生鲜产品供应链模型,提出以单元为对象的信息采集的方法,建立产品信息传递的数学模型。通过对信息识别、传递过程的研究,达到各个环节信息一一对应的目标,借助区块链的去中心化技术,针对当今猪肉产品供应链中存在的问题,结合区块链技术的特性,与可追溯系统进行结合,建造了一种基于区块链的可追溯模型供未来可追溯领域研究参考。

参考文献

[1] 王凤彬.供应链网络组织与竞争优势[M].北京:中国人民大学出版社,2006.

[2] 于冬菊.蔬菜供应链质量安全管理体系研究[D].济南:山东大学,2020.

[3] 张晟义.涉农供应链管理理论体系构建[D].成都:西南财经大学,2010.

[4] 才正.消费升级背景下供应链动态能力对农业企业竞争优势的影响研究[D].杭州:浙江大学,2019.

[5] 马士华.供应链管理[M].北京:高等教育出版社,2006.

[6] 张先敏.供应链管理与经营性营运资金管理绩效:影响机理与实证检验[D].青岛:中国海洋大学,2013.

[7] 陈小霖.供应链环境下的农产品质量安全保障研究[D].南京:南京理工大学,2008.

[8] 何国军.基于协同理论的出版供应链管理研究[D].武汉:武汉大学,2014.

[9] 张相斌,林萍,张冲.供应链管理[M].北京:人民邮电出版社,2015.

[10] 赵智锋,叶祥丽,施华.供应链运作与管理[M].重庆:重庆大学出版社,2016.

[11] 王文娟.随机需求的库存与运输联合优化研究[D].天津:河北工业大学,2004.

[12] 王静.现代物流管理与战略[M].西安:陕西人民出版社,2016.

[13] 朱新球.应对突发事件的弹性供应链研究[D].武汉:武汉理工大学,2011.

[14] 刘卫国.企业供应链风险评估研究[D].汕头:汕头大学,2005.

[15] 陈国权.供应链管理[J].中国软科学,1999(10):3-5.

[16] 曹云峰.建筑供应链风险管理方法及预警体系[D].哈尔滨:哈尔滨工业大学,2006.

[17] 王旎.德勤投资环境研究报告英译项目中平行文本检索与利用的难点及警示

[D].上海:上海外国语大学,2020.

[18] 刘希龙.供应网络弹性研究[D].上海:上海交通大学,2007.

[19] 郑国华.基于稳定性的供应链运作机制研究[D].长沙:中南大学,2009.

[20] 李民,李天生.供应链风险评估及其防范[J].科技广场,2006(10):53-54.

[21] 高宏华.台湾企业发展战略研究——兼论两岸经济互补问题[D].北京:中央民族大学,2004.

[22] 黄郑,马书良.直面危机:福兮,祸兮?——诺基亚与爱立信的不同命运[J].公关世界,2001(5):19-20.

[23] 罗元青.产业组织结构与产业竞争力研究[D].成都:西南财经大学,2006.

[24] 陈峥嵘.美国西海岸"封港"害人害己[J].银行家,2002(11):130-134.

[25] 王星星.突发事件下供应链弹性机制研究[D].兰州:兰州大学,2010.

[26] 丁伟东,刘凯,贺国先.供应链风险研究[J].中国安全科学学报,2003(4):67-69.

[27] 陆霖霖.企业营销过程中的网络舆情管理研究[D].成都:西南交通大学,2017.

[28] 唐晓纯.国家食品安全风险监测评估与预警体系建设及其问题思考[J].食品科学,2013(15):342-348.

[29] 钱敏,陈海光,白卫东,等.食品安全问题背后的思考——构建食品安全预警体系和食品安全追溯体系[A].广东省食品学会第六次会员大会暨学术研讨会论文集,2014.

[30] 何勇,李晓丽,邵咏妮.基于主成分分析和神经网络的近红外光谱苹果品种鉴别方法研究[J].光谱学与光谱分析,2006,26(5):850-853.

[31] 苗田顺,周庆,周清杰.中国出口欧盟食品安全形势研究:基于食品和饲料快速预警体系的实证分析[J].食品科学,2014(8):23-28.

[32] 戴岳,李强,刘文,等.2014年欧盟RASFF对华食品通报分析研究[J].食品研究与开发,2015(11):177-180.

[33] 王薇.中国食品安全现状、问题及对策战略研究——一纸路线图绘制我国食安走向[N].中国食品报,2016-02.

[34] 赵雅玲,王殿华.欧盟食品安全标准对我国食品出口的影响[J].国际经贸探索,2010(8):22-30.

[35] 张涛.食品安全法律规制研究[D].重庆:西南政法大学,2005.

[36] 高婷婷.再生水回用的肠道感染疾病负担定量分析方法研究[D].西安:西安建筑科技大学,2018.

[37] 杨净.中国食品充盈欧洲餐桌[J].中国食品,2000(11):11-15.

[38] 张云雪.欧盟肉制品安全监管制度研究[D].重庆:西南大学,2014.

[39] 谷俭泰.中国食品在德国市场大有可为[J].中国国门时报,2003(7):22-28.

[40] 陈卫洪,漆雁斌.不安全食品产生的社会危害及对食品出口的影响[J].消费导刊,2009(8):34-38.

[41] 李聪,黄逸民,田壮.进出口食品安全预警方法研究[J].检验检疫科学,2004,14(2):51-53.

[42] 颜俊.巴西人口城市化进程及模式研究[D].上海:华东师范大学,2011.

[43] 伍巧芳.美国金融监管改革及其借鉴[D].上海:华东政法大学,2012.

[44] 李春风.中国动物源性食品残留监控体系建设研究[D].武汉:华中农业大学,2009.

[45] 刘建学,吴守一.基于近红外光谱的神经网络预测大米直链淀粉含量[J].农业机械学报,2001,32(2):55-57.

[46] 王铁良.国内外动物源食品中兽药残留风险分析研究[D].武汉:华中农业大学,2010.

[47] 吕丹丹.我国食品安全协同治理研究[D].长春:东北师范大学,2017.

[48] 顾海兵.宏观经济预警研究:理论·方法·历史[J].经济理论与经济管理,1997(4):3-9.

[49] 陆伟国.我国粮食消费量中长期预测模型研究[J].统计研究,1996(4):50-54.

[50] 唐晓纯,苟变丽.食品安全预警体系框架构建研究[J].食品科学,2005(12):246-250.

[51] 杨天和,褚保金.中国农产品质量安全保障体系中的技术创新[J].南京农业大学学报,2005(3):102-106.

[52] 晏绍庆,康俊生,秦玉青,等.国内外食品安全信息预报预警系统的建设现状[J].现代食品科技,2007(12):63-66.

[53] 赵亚华,潘春生,郑锦绣,等.食品安全关键项目监测及预警系统研究[J].实用预防医学,2008(1):30-33.

[54] 胡慧希,季任天.我国食品安全预警系统的完善[J].食品工业科技,2008(3):252-256.

[55] 季任天,赵素华,王明卓.食品安全预警系统框架的构建[J].中国渔业经济,2008,26(5):61-65.

[56] 田春园.基于数据挖掘的食品安全风险评价与预警系统[D].青岛:青岛理工大学,2012.

[57] 孟菲.食品安全的利益相关者行为分析及其规制研究[D].无锡:江南大学,2009.

[58] 张丽,滕飞,王鹏.基于贝叶斯网络的食品供应链风险评价研究[J].食品研究

与开发,2014(18):53.

[59] 欧阳一非,薛丹,高海燕,等.基于决策树方法的油炸型方便面品质评价研究[J].食品科学,2009(5):27-31.

[60] 陈博,欧阳竹.基于BP神经网络的冬小麦耗水预测[J].农业工程学报,2013,26(4):81-86.

[61] 李庆鹏,靳婧.崔文慧,等.欧盟RASFF通报我国食品及饲料类违例信息及趋势分析[J].食品安全质量检测学报,2014(5):1228-1234.

[62] 王雪.绿色壁垒对中国农产品出口贸易的影响分析[D].成都:西南财经大学,2006.

[63] 范韩生.我国食品出口欧洲潜力巨大[N].中国国门时报(中国出入境检验检疫报),2000-06.

[64] 唐华.论欧盟食品安全法规体系及其对中国的启示[D].北京:对外经济贸易大学,2006.

[65] 刘婷.国际贸易中的转基因食品标识问题研究[D].上海:上海交通大学,2016.

[66] 杨小敏,戚建刚.欧盟食品安全风险评估制度的基本原则之评析[J].风险规制与食品安全,2012(3):26-29.

[67] 左腾达.中国和欧盟农产品贸易研究[D].北京:中国社会科学院研究生院,2020.

[68] 黄伟荣.中国-东盟自由贸易区升级版研究[D].北京:对外经济贸易大学,2019.

[69] 杨洋,焦阳,聂雪梅,等.2012年欧盟RASFF通告各国输欧食品安全情况分析和对我进口食品安全监管的启示[J].食品科技,2014(39):299-303.

[70] 程新峰.低频超声波辅助提高冷冻草莓加工全过程品质及效率的研究[D].无锡:江南大学,2014.

[71] 郑休休.技术性贸易壁垒影响下的中国企业产品出口二元边际、贸易偏转与质量升级[D].北京:对外经济贸易大学,2020.

[72] 岳宁.基于食品贸易发展的中国进出口食品安全科技支撑体系研究[D].无锡:江南大学,2010.

[73] 王坤.黄曲霉毒素的时间分辨荧光高灵敏免疫检测技术[D].洛阳:河南科技大学,2013.

[74] 刘婷.国际贸易中的转基因食品标识问题研究[D].上海:上海交通大学,2016.

[75] 戚佳琳.工业产品与生态环境中有机锡化合物的形态分析与应用研究[D].青岛:中国海洋大学,2013.

[76] 郭俊芳.非关税措施对中国禽肉出口的影响研究[D].北京:中国农业大

学,2015.

[77] 左腾达. 中国和欧盟农产品贸易研究[D]. 北京:中国社会科学院研究生院,2020.

[78] 雷晞琳,莫鸣,戴健飞. 食品供应链中食品安全风险的来源与防范[J]. 企业活力,2012(11):59-65.

[79] Han M K. 数据挖掘:概念与技术[M]. 北京:机械工业出版社,2012.

[80] Witten I H,Eibe Frank. Data Mining:Practical machine learning tools and techniques[M]. San Francisco:Morgan Kaufmann,2005.

[81] 杨劼. 食品安全风险评估中数据挖掘方法的分析与择取[J]. 计算机光盘软件与应用,2014,17(16):15-16.

[82] 韩家炜,坎伯. 数据挖掘:概念与技术[M]. 北京:机械工业出版社,2001:100-103.

[83] Ramageri B M. Data mining techniques and applications[J]. Indian Journal of Computer Science & Engineering,2013,1(2):25-47.

[84] Pearl Judea. Probabilistic reasoning in intelligent systems:networks of plausible inference[M]. San Mateo,Calif:Morgan Kaufmann Pub,1988.

[85] 张志武. 基于机器学习的软件缺陷预测方法研究[D]. 南京:南京邮电大学,2018.

[86] Mitchell Tom M. Machine Learning[M]. Hongkong:WCB,1997.

[87] Han J,Kamber M,Pei J. Data mining:concepts and techniques:concepts and techniques[M]. Elsevier,2011.

[88] Najah A,El-Shafie A,Karim O A,et al. Application of artificial neural networks for water quality prediction[J]. Neural Computing & Applications,2013,22(1 Supplement):187-201.

[89] Ding Shifei,Li Hui,Su Chunyang,et al. Evolutionary artificial neural networks:a review[J]. Artificial Intelligence Review,2013,39(3):251-260.

[90] 唐爱慧. 基于媒体报道的食品安全史研究(1978—2015)[D]. 北京:中国农业大学,2016.

[91] 左腾达. 中国和欧盟农产品贸易研究[D]. 北京:中国社会科学院研究生院,2020.

[92] 王蓓. 脉冲强光、紫外和红外辐射对稻谷黄曲霉及其毒素的杀灭降解研究[D]. 镇江:江苏大学,2014.

[93] 李建平. 陕西省农业生产潜力与粮食安全实证研究[D]. 咸阳:西北农林科技大学,2012.

[94] 刘子欣. 新浪网"上海福喜食品安全"事件报道效果分析[D]. 南京:南京师范大学,2018.

[95] 冯晓鹏. 跨境电子商务的法律与政策研究[D]. 长春:吉林大学,2019.

[96] 罗蓉. 电子商务背景下的生鲜农产品冷链物流绩效评价研究[D]. 武汉:华中农业大学,2014.

[97] Trott A R, Welch T. Refrigerated transport, handling and distribution[J]. Refrigeration and Air Conditioning (Third Edition), 2000(January):208-213.

[98] Mejjaouli, Sobhi, Babiceanu, et al. Cold supply chain logistics: System optimization for real-time rerouting transportation solutions[J]. Computers in Industry, 2018.

[99] Rao Z. Common Distribution Path of Cold Chain Logistics of Fresh Agricultural Products[J]. Revista De La Facultad De Agronomia De La Universidad Del Zulia 2019,36.

[100] Vardan Parashar, Shailesh Kumar Trivedi, Abid Haleem. Heat Transfer Parameterization towards Enhancing Shelf Life of Vegetables in Low Cost Cold Chain with FACCC [J]. International Journal of Innovative Technology and Exploring Engineering (IJITEE), 2020, 9(4): 822-829.

[101] Heising J K, Dekker M, Bartels P V, et al. Monitoring the Quality of Perishable Foods: Opportunities for Intelligent Packaging[J]. Critical Reviews in Food Science & Nutrition, 2014, 54(5):645-654.

[102] Beretta C, Stoessel F, Baier U, et al. Quantifying food losses and the potential for reduction in Switzerland[J]. Waste Manag, 2013, 33(3).

[103] Likar K, Jev Nik M. Cold chain maintaining in food trade[J]. Food Control, 2006, 17(2):108-113.

[104] Kelepouris T, Pramatari K, Doukidis G. RFID-enabled traceability in the food supply chain[J]. Industrial Management & Data Systems, 2007, 107(2):183-200.

[105] Kim K, Kim H, Kim S K, et al. i-RM: An intelligent risk management framework for context-aware ubiquitous cold chain logistics[J]. Expert Systems with Applications, 2016, 46(Mar.):463-473..

[106] Villalobos J R, Soto-Silva W E, González-Araya M C, et al. Research directions in technology development to support real-time decisions of fresh produce logistics: A review and research agenda[J]. Computers and Electronics in Agriculture, 2019, 167.

[107] Montanari R. Cold chain tracking: a managerial perspective[J]. Trends in Food Science & Technology, 2008, 19(8):425-431.

[108] Marinelli M, Janardhanan M, Koumi N. An Explorative Analysis of IoT Applications in Cold Chain Logistics[M]. Berlin: Springer, 2021.

[109] 郑先章,等. 生鲜农产品产地加工保鲜处理及保鲜链的真空设备应用研究[C]. 全国农产品产地初加工学术研讨会. 中国农学会, 2013.

[110] 李亚伶. 蔬菜类生鲜农产品包装标准化探讨[J]. 市场周刊(理论版),2018(25):284-284.

[111] 左映平,孙国勇.生物散斑激光技术及在生鲜农产品品质控制中的应用[J].江苏农业科学,2021,49(5):45-50.

[112] Ding Y, Department L. Effect of Different Precooling Time on Storage Quality of Fresh Agricultural Products[J]. Modern Food Science and Technology, 2019,35(5): 131-137.

[113] Mo C, Kim G, Lim J. Online hyperspectral imaging system for evaluating quality of agricultural products[C]. Spie Optical Metrology, 2017.

[114] 阿布都热合曼·卡的尔,陈茜,申炳豪.基于区块链的生鲜农产品冷链可追溯性研究[J].佛山科学技术学院学报(社会科学版),2021,39(2):49-56.

[115] 马世榜,徐杨,田潇瑜.生鲜肉类品质快速无损检测技术的研究进展[C].农产品质量安全与现代农业发展专家论坛,2011.

[116] Yu G, Jing T. The IOT research in supply chain management of fresh agricultural products[C]. 2011 2nd International Conference on Artificial Intelligence, Management Science and Electronic Commerce (AIMSEC). IEEE, 2011.

[117] 焦光源. 新疆生鲜农产品质量安全追溯系统的设计与实现[D]. 石河子:石河子大学,2015.

[118] Zhang Z Y, Liu C, Yang L. Study on the cold-chain logistics system coordination mechanism based on MAS [J]. Science and Technology of Food Industry, 2010.

[119] He X D. Research Framework of Fresh Agricultural Products Logistics Network Optimization Based on Cold Chain[J]. IOP Conference Series: Earth and Environmental Science, 2020, 615(1):012032 (6pp).

[120] 邓力,邵铭,张成安,等.基于智能手机终端的冷链物流信息平台[P].中国,10446353.2,2015-03-25.

[121] Zhang B L. Research of Food Cold Chain Logistics System on the Synergy

Management[J]. Food Research and Development,2016,37(21):215-218.

[122] 田贵平.物流经济学[M].北京:机械工业出版社,2007.

[123] 王静.现代物流管理与战略[M].西安:陕西人民出版社,2016.

[124] Alekseev K,Seixas J M. Forecasting the air transport demand for passengers with neural modelling[C]// VII Brazilian Symposium on Neural Networks. IEEE Computer Society,2002.

[125] Plakandaras V,Papadimitriou T,Gogas P. Forecasting transportation demand for the U.S. market[J]. Transportation Research Part A:Policy and Practice,2019,126.

[126] Boutselis P,McNaught K. Using Bayesian Networks to forecast spares demand from equipment failures in a changing service logistics context [J]. International Journal of Production Economics,2019,209:325-333.

[127] Nguyen TY. Research on logistics demand forecast in southeast Asia [J]. World J Eng Techn,2020,8:249-256.

[128] Garrido R A,Mahmassani H S. Forecasting freight transportation demand with the space-time multinomial probit model[J]. Transportation Research Part B,2000,34(5):403-418.

[129] Sonmez M,Ali Paydar Akgüngr,Bekta S. Estimating Transportation Demand in Turkey Using the Artificial Bee Colony Algorithm[J]. Energy,2017,122:301-310.

[130] Liu C C,B Y J. The Comparative Analysis of Economic Forecasting Model on China's Logistics Engineering Industry[J]. Systems Engineering Procedia,2012,5(11):366-371.

[131] 连博研.基于多元回归模型的物流需求影响因素的分析[J].福建质量管理,2020,000(004):251-253.

[132] 舒南.面向制造业物流需求的国际物流园区投资环境评价研究[D].长沙:中南林业科技大学,2016.

[133] 后锐,张毕西.基于MLP神经网络的区域物流需求预测方法及其应用[J].系统工程理论与实践,2005(12):43-47.

[134] 于博,孙安国,陈丽萍,等.基于指数平滑法的云南省物流需求预测[J].物流工程与管理,2018,40(12):39-40,38.

[135] Zhengyi Yang. Rural Logistics Demand Forecast Based on Gray Neural Network Model[P]. Proceedings of the 2018 3rd International Workshop on Materials Engineering and Computer Sciences (IWMECS 2018),2018.

[136] 李明书,刘仁云,胡姝祺,等.基于时间序列分析的长春市物流研究及预测[J].科技创新与应用,2020(32):34-36.

[137] 张仁萍.基于Markov链修正的乐山市物流需求预测[J].乐山师范学院学报,2012,27(12):93-96.

[138] 刘旭,马文彬,王晓卓.基于ART2线性组合神经网络的军事物流需求预测方法研究[J].电子世界,2015(16):144-145.

[139] 李顺,李君,吴鑫,等.基于GA-XGBoost的宁波港物流需求预测[J].浙江万里学院学报,2021,34(2):71-77.

[140] 辛冲冲.中国地方政府财政能力研究[D].武汉:中南财经政法大学,2019.

[141] 裴立东.基于灰色关联分析的转化医学中心功能体系构建研究[D].哈尔滨:哈尔滨工业大学,2018.

[142] Jolliffe I T. Principal Component Analysis[J]. Journal of Marketing Research,2002,87(4):513.

[143] 刘冰,郭海霞.MATLAB神经网络超级学习手册[M].北京:人民邮电出版社,2014.

[144] 汪祖杰,杨凤祥.江苏省外国经济学说研究会.宏观经济学[M].南京:东南大学出版社,2011.

[145] 刘爱荣.统计学[M].重庆:重庆大学出版社,2019.

[146] 中关村绿色冷链物流产业联盟.全国冷链物流企业分布图[EB/OL].[2018-2020]. http://www.lenglianwuliu.org.cn/menu/details.html?menuId=62.

[147] 言九.2019年中国冷库容量与面积情况分析,冷库市场竞争多元化[EB/OL].[2020-7-21]. https://www.huaon.com/channel/trend/633362.html.

[148] 前瞻产业研究院.2018年全球主要国家人均库容面积对比情况[EB/OL].[2021-2-2]. https://bg.qianzhan.com/wuliu/detail/616/210202-518485a3.html.

[149] 范卫民.从新时代冷链物流形势看国内冷藏保温车市场[EB/OL].[2019-11-26]. https://www.chinatruck.org/news/201911/69_86796.html.

[150] 洪涛.2018年中国农产品冷链物流发展报告[EB/OL].[2018-4-12]. http://www.chinawuliu.com.cn/zixun/201804/12/330210.shtml.

[151] 北京市规划和自然资源委员会.北京物流发展规划[EB/OL].[2020-12-1]. http://ghzrzyw.beijing.gov.cn/zhengwuxinxi/ghcg/zxgh/.

[152] 北京市统计局.北京市统计年鉴[M].北京:中国统计出版社,2000-2020.

[153] 北京市统计局.数说北京改革开放三十年[M].北京:中国统计出版社,2018.

[154] 中华人民共和国国家统计局. 中国统计年鉴[M]. 北京:中国统计出版社, 2000-2020.

[155] 中国物流与采购联合会冷链物流专业委员会. 中国冷链物流发展报告[M]. 北京:中国物资出版社, 2019.

[156] Dantizig Ramser. The truck dispatching problem[J]. Management Science, 1959:81-89.

[157] Bul lnheimer B, Hartl R F, Strauss Oh. Applying the ant system to the vehicle routing problem[M]// Voss Setal, ditors. Meta-heuristics: advances and trends in local search paradigms for ptimization. Boston: Kluwer, Academics, 1998:109-120.

[158] Reimann M, Karl D, Richard F H. D-Ants: Saving based ants divide and conquers the vehicle routing problem[J]. Conquers and Operations Research Archive, 2014, 3(4):563-591.

[159] 姜大立, 杨西龙, 杜文, 等. 物流配送路径问题的遗传算法研究[J]. 系统工程理论与实践, 1999, 19(6):6-7.

[160] 张涛, 王梦光. 遗传算法和3-OPT结合求解带能力约束的VRP[J]. 东北大学学报(自然科学版), 1999, 20(3):254-256.

[161] 谢秉磊, 李军, 郭耀煌. 有时间窗的非满载车辆调度问题的遗传算法[J]. 系统工程学报, 2000, 15(3):290-294.

[162] 周贤伟, 李光远. 利用GPS技术的货物运输车辆路径问题的遗传算法研究[J]. 全球定位系统, 2001, 26(4):50-52.

[163] 宋厚冰, 蔡远利. 有时间窗约束的车辆路径问题的改进遗传算法[J]. 交通信息与安全, 2003, 21(4):25-27.

[164] 丁建立, 陈增强, 袁著祉, 等. 遗传算法与蚁群算法的融合[J]. 计算机研究与发展, 2003, 40(9):1351-1356.

[165] 刘志硕, 金升, 柴跃廷. 基于自适应蚁群算法的物流配送路径问题研究[J]. 控制与决策, 2005, 20(5):562-566.

[166] 尹晓峰, 杜艳萍. 物流配送路径问题的蚁群算法研究[J]. 太原科技大学学报, 2005, 23(5):2327.

[167] 乐逸祥, 周磊山, 乐群星, 等. 物流配送路径优化问题的一种改进蚁群算法[J]. 计算机集成制造系统, 2006, 6:16-19.

[168] 刘小兰, 郝志峰, 汪国强, 等. 有时间窗的车辆路径问题的近似算法研究[J]. 计算机集成制造系统, 2007, 10(7):825-831.

[169] 李宁, 邹彤, 孙德宝. 车辆路径问题的粒子群算法研究[J]. 系统工程学报,

2011,19(6):596-600.

[170] 王素云,李军.两阶段启发式算法在带时间窗的车辆路径问题中的应用[J].商场现代化,2012,5(31):114-115.

[171] 余成,曹倩,王世民.关于物流系统车辆配送路径规划仿真[J].计算机仿真,2016,33(8):359-364.

[172] Salhi S, Rand G K. The effect of ignoring routes when locating depots[J]. European Journal of Operational Research,1989,39(2):150-156.

[173] Watson-Gandy CDT,Dohrn P J. Depot location with van salesmen — A practical approach[J]. Pergamon,1973,1(3):321-329.

[174] Perl Jossef, Daskin Mark S. A warehouse location-routing problem[J]. Pergamon,1985,19(5).

[175] Chien T W,Chu H,Hsueh H T. Spray scrubbing of the nitrogen oxides into $NaClO_2$ solution under acidic conditions.[J]. Journal of environmental science and health. Part A,Toxic/hazardous substances & environmental engineering,2001,36(4).

[176] Julian Hof, Michael Schneider,Dominik Goeke. Solving the battery swap station location-routing problem with capacitated electric vehicles using an AVNS algorithm for vehicle-routing problems with intermediate stops[J]. Transportation Research Part B,2017,97.

[177] Toro E M , Franco J F , Echeverri M G , et al. A multi-objective model for the green capacitated location-routing problem considering environmental impact [J]. Computers & Industrial Engineering, 2017, 110:114-125.

[178] Maximilian Schiffer, Grit Walther. An Adaptive Large Neighborhood Search for the Location-routing Problem with Intra-route Facilities[J]. Transportation Science,2018,52(2).

[179] 汪寿阳,赵秋红,夏国平.集成物流管理系统中定位-运输路线安排问题的研究[J].管理科学学报,2000(2):69-75.

[180] 吕新福,蔡临宁,曲志伟.废弃物回收物流中的选址-路径问题[J].系统工程理论与实践,2005(5):89-94.

[181] 杨珺,冯鹏祥,孙昊,等.电动汽车物流配送系统的换电站选址与路径优化问题研究[J].中国管理科学,2015,23(9):87-96.

[182] 罗耀波,孙延明,廖鹏.带退货和软时间窗的多仓库选址-路径问题研究[J].运筹与管理,2014,23(5):78-85.

[183] 王绍仁,马祖军.震害紧急响应阶段应急物流系统中的LRP[J].系统工程理论

与实践,2011,31(8):1497-1507.

[184] 刘长石,寇纲,刘导波.震后应急物资多方式供应的模糊动态LRP[J].管理科学学报,2016,19(10):61-72.

[185] 吴国强.电子商务下集成化物流系统中的定位配给问题研究[D].重庆:重庆大学,2009.

[186] Ozcan E, Cad S, No T S, et al. Particle Swarm Optimization: Surfing the Waves[C]. Congress on Evolutionary Computation. IEEE CS, HI, USA, 12-17 May 2002.

[187] Clerc M, Kennedy J. The particle swarm-explosion, stability and convergence in multidimensional complex space[J]. IEEE Transaction on Evolutionary Computation, 2002, 6(1): 58-73.

[188] Solis F. Minimization by random search techniques[J]. Mathematics of Operations Research, 2012, 6(1): 937-971.

[189] van den Bergh F. An analysis of particle swarm optimizer[M]. Pretoria: University of Pertiria, 2002: 78-143.

[190] van den Bergh F, Engelbrecht A P. A study of particle swarm optimization trajectories[J]. Information Sciences, 2006, 17(6): 937-971.

[191] Allahverdia A, Al-Anzib F S. A PSO and a tabu search heuristics for the assembly scheduling problem of the two-stage distributed database application[J]. Computer & Operations Research, 2013, 33: 1056-1080.

[192] Ourique C O, Biscaia E C, Pinto J C. The use of particle swarm optimization for dynamical analysis in chemical processes[J]. Computers and Chemical Engineering, 2012, 26: 1783-1793.

[193] Coelho J P, Moura Oliveira P B, Cunha J B. Greenhouse air temperature predictive control using the particle swarm optimization algorithm[J]. Computers and Electronics in Agriculture, 2013, 49: 330-344.

[194] 肖健梅,李军军,王锡淮.求解物流配送路径问题的改进微粒群优化算法[J].计算机集成制造系统,2005,11(4):577-581.

[195] 刘增金.基于质量安全的中国猪肉可追溯体系运行机制研究[D].北京:中国农业大学,2015.

[196] 益昉.生命科技政治特征分析和案例比较研究[D].上海:上海交通大学,2012.

[197] 庞欣.我国的公共卫生事件与政府危机公关[D].上海:上海外国语大学,2011.

[198] 任建超. 食品安全事件应急管理研究[D]. 北京:中国农业大学,2017.

[199] 周荣柱. 我国鸡蛋市场风险预警研究[D]. 北京:中国农业科学院,2017.

[200] 张磊. 中国食品安全监管权配置问题研究[D]. 上海:复旦大学,2014.

[201] 叶云. 农产品质量追溯系统优化技术研究[D]. 广州:华南农业大学,2016.

[202] 林延昌. 基于区块链的食品安全追溯技术研究与实现[D]. 南宁:广西大学,2017.

[203] 朱天舒. 食品供应链控制区质量安全管控理论与方法研究[D]. 天津:天津大学,2010.

[204] 王薇. 中外畜产食品安全监管体系研究[D]. 北京:中国农业科学院,2016.

[205] 刘婷. 国际贸易中的转基因食品标识问题研究[D]. 上海:上海交通大学,2016.

[206] 刘潇潇. 基于RFID/Ecode物联网的食品供应链单品追溯管理系统研究[J]. 安徽农业科学,2015(2):359-362,364.

[207] 白云峰,陆昌华,李秉柏. 畜产品安全的可追溯管理[J]. 食品科学,2005,26(8):473-477.

[208] 吴威. 基于物联网的食品供应链可追溯系统研究[J]. 物流技术,2014(4):84-87.

[209] Storøy J, Thakur M. The trace food framework-principles and guidelines for implementing traceability in food value chains[J]. Journal of Food Engineering,2013,115(1):41-48.

[210] 李静. 我国食品安全"多元协同"治理模式研究[D]. 南京:南京大学,2013.

[211] 白忠贺. 基于物联网技术的肉品追溯系统研究[D]. 南京:南京邮电大学,2013.

[212] 徐书法,国占宝,曹坦,等. 生物传感器及其在食品安全检测中的应用[J]. 现代科学仪器,2008(6):102-105.

[213] 谢菊芳,陆昌华,李保明,等. 基于.NET构架的安全猪肉全程可追溯系统实现[J]. 农业工程学报,2006(6):218-220.

[214] 陆昌华. 畜禽及畜禽产品的可追溯管理[J]. 中国禽业导刊,2006,23(14):33-34.

[215] 胡加彬. 面向区域化管理的中国食品出口全程监管模式研究[D]. 武汉:武汉理工大学,2011.

[216] 傅泽田,邢少华,张小栓. 食品质量安全可追溯关键技术发展研究[J]. 农业机械学报,2013(7):144-153.

[217] 陆昌华. 畜禽及畜禽产品的可追溯管理[J]. 中国禽业导刊,2006,23(14): 33-34.

[218] 王永锋. 生鲜产品在途配送质量控制及可追溯系统关键技术研究[D]. 重庆: 重庆大学,2012.

[219] 夏正华. 法国维护大国话语权的路径研究及启示[D]. 武汉:武汉大学,2019.

[220] Nelson P. Imformation and consumer behavior[J]. Journal of Political Economy,1970,78(2):311-329.

[221] 施晟. 食品安全可追踪系统的信息传递效率研究[D]. 武汉:华中农业大学,2008.

[222] 胡云锋,孙九林,张千力,等.中国农产品质量安全追溯体系建设现状和未来发展[J].中国工程科学,2018,20(2):57-62.

[223] 毕昕. 农产品质量追溯系统模型及应用[D].天津:天津大学,2014.

[224] 刘兴惠,李至立,苏家志,等.智能生产过程的大数据分析应用研究[J].现代信息科技,2020,4(14):149-152,155.

[225] 孔洪亮,李建辉. 全球统一标识系统在食品安全跟踪与追溯体系中的应用[J]. 食品科学,2004,25(6):188-194.

[226] 张莺程. 基于 RFID 技术的猪肉食品安全追溯系统研究[D]. 太原:中北大学,2014.

[227] 张成海,李颖.使用全球统一物品编码,建立全球统一电子交易市场——EAN·UCC 系统(GS1)是全球电子商务的基石[J].电子商务世界,2003(10):82-84.

[228] 李海波,李庆岱. 基于 GS1 编码体系的唯一器械标识 UDI 编码及实施研究[J]. 中国医疗器械杂志,2017,41(002):133-136.

[229] 练晓,周哲,苏巍,等.GS1 编码开启肉菜监管追溯之旅[J].条码与信息系统,2016(2):19-21.

[230] 苏航.GS1 标识技术更适于农产品追溯[J].条码与信息系统,2016(1):26-30.

[231] 颜拥,赵俊华,文福拴,等. 能源系统中的区块链:概念、应用与展望[J]. 电力建设,2017,38(2):12-20.

[232] 李董,魏进武.区块链技术原理、应用领域及挑战[J].电信科学,2016,32(12):20-25.

[233] 张偲.区块链技术原理、应用及建议[J].软件,2016,37(11):51-54.

[234] 黄洛. 数字加密货币市场风险分析[D].南昌:南昌大学,2020.

[235] 孙志国,李秀峰,王文生,等.区块链技术在食品安全领域的应用展望[J].农业网络信息,2016(12):30-31.

[236] 谢辉,王健.区块链技术及其应用研究[J].信息网络安全,2016(9):192-195.

[237] 汪传雷,万一荻,秦琴,等.基于区块链的供应链物流信息生态圈模型[J].情报

理论与实践,2017,40(7):115-121.

[238] 丁庆洋,朱建明.区块链视角下的 B2C 电商平台产品信息追溯和防伪模型[J].中国流通经济,2017,31(12):41-49.